Germund Mielke • Die verflixten Fälle aus Pompeji

Einband und Illustrationen von Germund Mielke

Germund Mielke

Die verflixten Fälle
aus Pompeji

Rätsel-Krimi aus dem
römischen Pompeji

Metz-Verlag

Impressum:
© 1999, Metz-Verlag, 76571 Gaggenau
1. Auflage 1999
Alle Rechte vorbehalten
Herstellung: Druckpartner Rübelmann, Hemsbach/Bergstraße
ISBN 3-927655-32-5

Inhalt

Ave – hier sind sie –
die Helden der Geschichten.
Sie – das sind Julia, ihr Bruder Marcus
und ihr Onkel Antonius.
Julia und Marcus dürfen dem Onkel
häufig bei seinen Aufgaben helfen,
denn als Ädil in Pompeji hat er auf vieles zu achten.
Besonders spannend ist es,
wenn sie bei einem Verbrechen
den Täter auf frischer Tat ertappen.

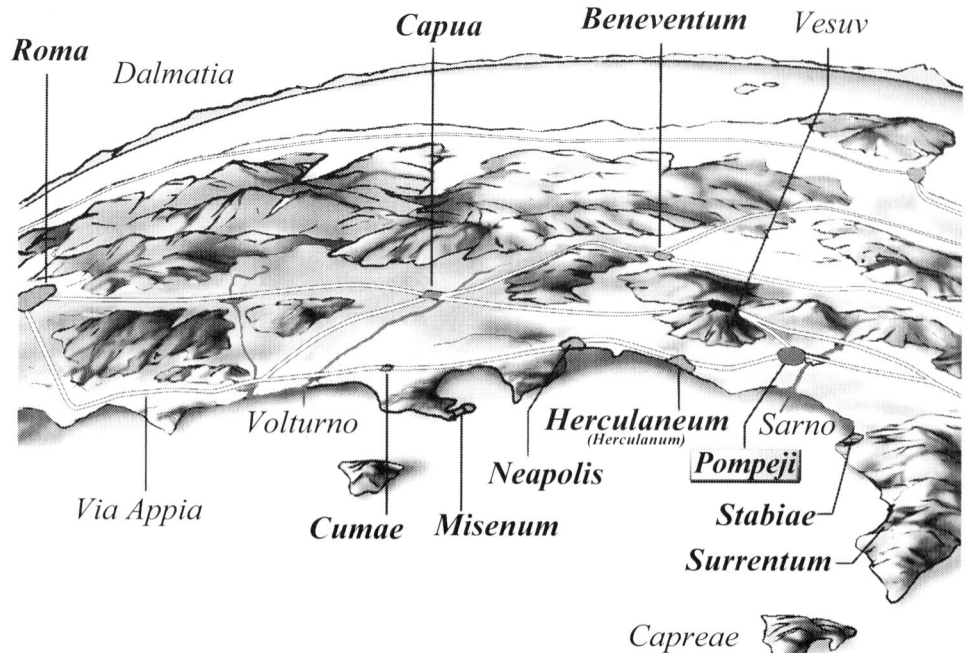

Roma

Dalmatia

Capua

Beneventum

Vesuv

Volturno

Herculaneum
(Herculanum)

Sarno

Pompeji

Neapolis

Via Appia

Cumae

Misenum

Stabiae

Surrentum

Capreae

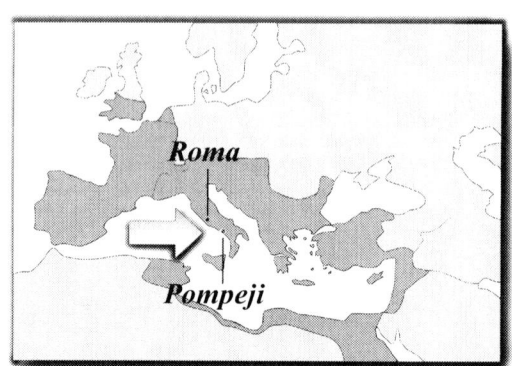

Roma

Pompeji

Das Römische Reich zur Zeit des Kaiser Nero

Auf der großen Ausklappkarte hinten im Buch seht ihr die Stadt Pompeji. Jetzt – zur Zeit der Regierung des Kaisers Nero – hat sie ungefähr 15.000 Einwohner. Damit gehört Pompeji zu den Städten mittlerer Größe im Römischen Reich. Gegründet wurde die Siedlung vor langer Zeit vom Volk der Osker. Später waren Griechen und Etrusker hier, bis Pompeji schließlich dem Römischen Reich eingegliedert wurde und mittlerweile hat Latein die oskische Sprache verdrängt. Einige der Villen in unserer Stadt gehören Mitgliedern der kaiserlichen Familie. Wir haben auch einen Hafen unten am Fluss Sarno. Von dort verschicken pompejanische Händler die begehrten Vesuvweine bis nach Gallien und Afrika. Ebenso gehen von dort aus Dachziegel und andere keramische Produkte hinaus ins gesamte Römische Reich – genauso wie ein besonders beliebter Artikel: unser pompejanisches Garum, die unentbehrliche Würzsoße.

Zentralthermen

Amtsräume der Ädilen

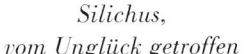

Silichus,
vom Unglück getroffen

Propidius Priscus,
neidischer Bauunternehmer

Marcellus,
hat einen Auftrag sicher

Der Anschlag auf der Baustelle

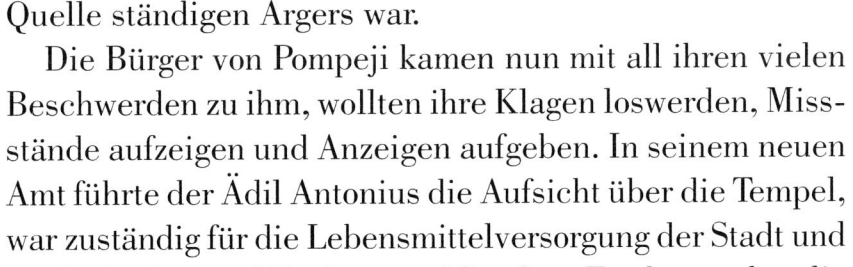

Marcus und Julia standen im Arbeitszimmer
ihres Onkels Antonius. Der Onkel war vor kur-
zem zum Ädilen gewählt worden, ein Umstand,
der ihn zwar mit Stolz erfüllte, aber auch eine
Quelle ständigen Ärgers war.

Die Bürger von Pompeji kamen nun mit all ihren vielen
Beschwerden zu ihm, wollten ihre Klagen loswerden, Miss-
stände aufzeigen und Anzeigen aufgeben. In seinem neuen
Amt führte der Ädil Antonius die Aufsicht über die Tempel,
war zuständig für die Lebensmittelversorgung der Stadt und
die Sicherheit auf Märkten und Straßen. Er überwachte die

städtischen Bäder, das Straßennetz und die Kanäle und Wasserleitungen. Auch für die Ausrichtung öffentlicher Spiele war er maßgebend.

„Alle kommen immer nur zu mir, wenn sie was plagt!" Der Ädil wuchtete seinen dicken Bauch hinter dem Tisch hervor. Er hob das Tuch des Gefäßes, das die Kinder mitgebracht hatten, ein wenig an und leckte sich schon in Vorfreude seine Lippen.

„Was schickt mir denn da eure liebe Mutter? Ah, gebratenen Fisch – lecker, lecker."

Er aß den Fisch direkt aus dem Topf; vielleicht nicht ganz vornehm, aber das Gericht war augenscheinlich recht schmackhaft.

„Ich finde, er schmatzt ganz schön laut!", flüsterte Julia ihrem Bruder zu.

„Scht!", machte Marcus und legte den Finger auf den Mund, „sei still, sonst schickt er uns weg."

„Sagt mal, habt ihr schon Nachricht von eurem Vater erhalten?", wandte sich der Ädil an die beiden Kinder, nachdem in kurzer Zeit der Topf leer gegessen und der Appetit des Antonius offensichtlich gestillt war.

„So ist es, Onkel", antwortete Julia etwas traurig, „leider ist es für uns keine gute! Er muss noch einen Sommer mit seiner Legion in Augusta Treverorum bleiben, aber dann

---

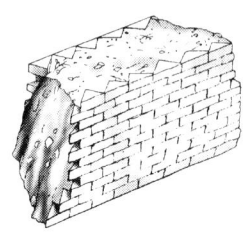

Schon eine Art Beton:
In Pompeji wird wie im ganzen Römischen Reich mit „opus cementicium", dem römischen Beton, gebaut. Der besteht aus einer bestimmten Sorte Tuff (Vulkangestein), welche in der Gegend des Vesuv vorkommt und im Verhältnis 2:1 mit Kalk gemischt und mit Bruchsteinen versetzt wird. Die gegossene Mauer wird häufig mit Ziegelsteinen verkleidet.

kehrt er mit der Einheit zurück nach Misenum. Ich wünschte, er könnte schon früher kommen."

„Ah, gut, gut – oder auch nicht gut! So, nun muss ich leider los – so viel zu tun! Wenn ihr wollt, könnt ihr mich begleiten. Ich muss zur Baustelle des Silichus, dort hat es einen Unfall gegeben. Bedauerlich, bedauerlich."

Julia und Marcus sahen sich erfreut an. Insgeheim hatten sie bei ihrer Ankunft gehofft, dass der Onkel einen „seiner Fälle" für sie hatte und dass sie sich – wie schon so manches Mal – dem Onkel anschließen durften.

Frohgemut folgten die Kinder ihrem Onkel nach draußen. Sie gingen über das Forum bis hoch zum Tempel der Fortuna Augusta und von hier die Via della Fortuna Augusta entlang bis zum Neubau der Zentralthermen.

Als sie an der Baustelle des Silichus ankamen, war zunächst nichts von einem Unfall zu erkennen. Erst nachdem sie ein Tor in der Gebäudefront durchschritten hatten, bot sich ihnen ein schreckliches Bild der Zerstörung: Der große Laufkran hatte sich zur Seite geneigt und die schweren Tonnengewölbe vor sich eingedrückt.

„Oh je, oh je. Das sieht nicht gut aus. Ich fürchte, die Fertigstellung der neuen Thermenanlage wird sich noch verzögern. Ah, da kommt ja Silichus, der Architekt. Hallo Silichus!"

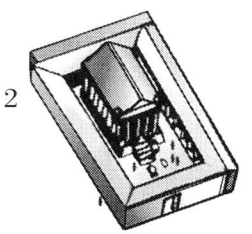

2

15

„Seid gegrüßt, Ädil Antonius. Gut, dass Ihr so schnell gekommen seid. Das Unglück hat mich schwerst getroffen. Unser Kran ist entzwei gebrochen und auf die Gewölbe fürs Caldarium gefallen – und hat sie völlig zerstört! Dabei sollten dies in kurzer Zeit die modernsten Badeanlagen weit und breit werden – wie in Rom. Wer weiß, was nun geschieht! Aber kommt, kommt, ich möchte Euch etwas zeigen!"

Silichus wies erregt auf die weggebrochenen Ständer des großen Kranrades.

„Sieh nur, Onkel", rief Marcus, „Silichus hat Recht! Da stimmt etwas nicht, der Ständerbalken ist ja angesägt!"

Der Ädil, der mit den Füßen bis zu den Knöcheln im Wasser stand, fuhr sich mit der Hand über seinen kahlen Schädel. Er beugte sich über den Ständer.

„Wohl wahr, wohl wahr. Sagt, warum ist hier eigentlich diese Riesenpfütze?"

„Nun, gestern ist uns die Wasserleitung ausgelaufen, die Röhren dort hinten sind gebrochen." Silichius wies mit dem Arm auf den hinteren Teil der Baustelle.

„Gut, gut, lasst uns jetzt erst einmal nach vorn gehen, hier ist es mir zu nass."

Der Ädil, Silichus, Julia und Marcus gingen um die Mauern und Steinhaufen herum auf die Straßenseite. Hier liefen sie geradewegs Propidius Priscus in die Arme.

„Hallo Silichus! Wie ich gehört habe, waren dir die Götter nicht gewogen", spottete Propidius. Wie alle Römer aus der Hauptstadt war auch er im Spotten besonders groß.

„Tja, man hätte halt mir den Auftrag geben sollen; dann wäre auch alles rechtzeitig fertig geworden. Aber der Stadtrat hat leider anders entschieden."

Julia stieß Marcus in die Seite und sagte leise: „Horch nur, der Propidius Priscus scheint sich ganz schön zu ärgern, weil nicht er den Auftrag erhalten hat. Das wäre doch

Auf den Baustellen wird ein Kran benutzt, der aus einem großen Laufrad und einem Ausleger besteht. Der Mann im Rad wickelt durch sein Laufen das Zugseil auf oder ab. Durch den beweglichen Ausleger umgelenkt, können damit auch sehr schwere Gewichte bewegt werden.

eigentlich ein guter Grund für ihn, bei Silichus für einen Schaden zu sorgen."

Inzwischen hatte sich Silichus wieder an den Ädilen gewandt: „Es ist ein Jammer, denn durch diese Geschichte mit dem zerbrochenen Laufkran und den zerstörten Gewölben werde ich mich mit Sicherheit nicht mehr um die Ausbesserung des Aquäduktes bewerben können." Er zuckte ergeben mit den Schultern. „Da bleibt nur noch Marcellus für den Auftrag übrig, denn Propidius Priscus ist ja in Herculanum voll ausgelastet mit seiner Baufirma."

„Einen Moment, Propidius Priscus", rief der Ädil Antonius dem davoneilenden Baumeister nach, „sag mir noch, wo warst du in der vergangenen Nacht?"

„Ich, nun, ich war die letzten beiden Tage drüben in Herculanum, Ädil, auf meiner Baustelle. Erst vor einer Stunde bin ich durch das Stadttor hereingekommen, denn ich will einige neue Eisenklammern für die Baustelle in Herculanum besorgen."

„So, so. Dann lasst uns bitte den Marcellus aufsuchen, ich muss auch mit ihm reden."

Sie gingen die Via di Nola entlang, um zur Werkstatt des Marcellus zu gelangen. Hier trafen sie ihn auch an und der Ädil fragte ihn geradeheraus, ob er etwas mit dem Unglück auf der Baustelle des Silichus zu tun habe.

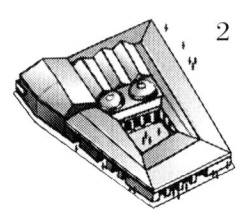

2

Doch Marcellus wehrte wütend ab: „Ich war nicht dort. Wer würde sich schon freiwillig seine Sandalen auf der Baustelle des Silichus durchnässen und beschmutzen?"

Da wurde der Ädil rot im Gesicht vor Zorn und er rief: „Ich glaube dir nicht, Marcellus. Ich weiß, dass du der Schuldige bist. Du wirst für den entstandenen Schaden im vollen Umfang aufkommen! Und über eine darüber hinaus gehende Strafe werde ich noch entscheiden!"

Wie hat Marcellus sich verraten?

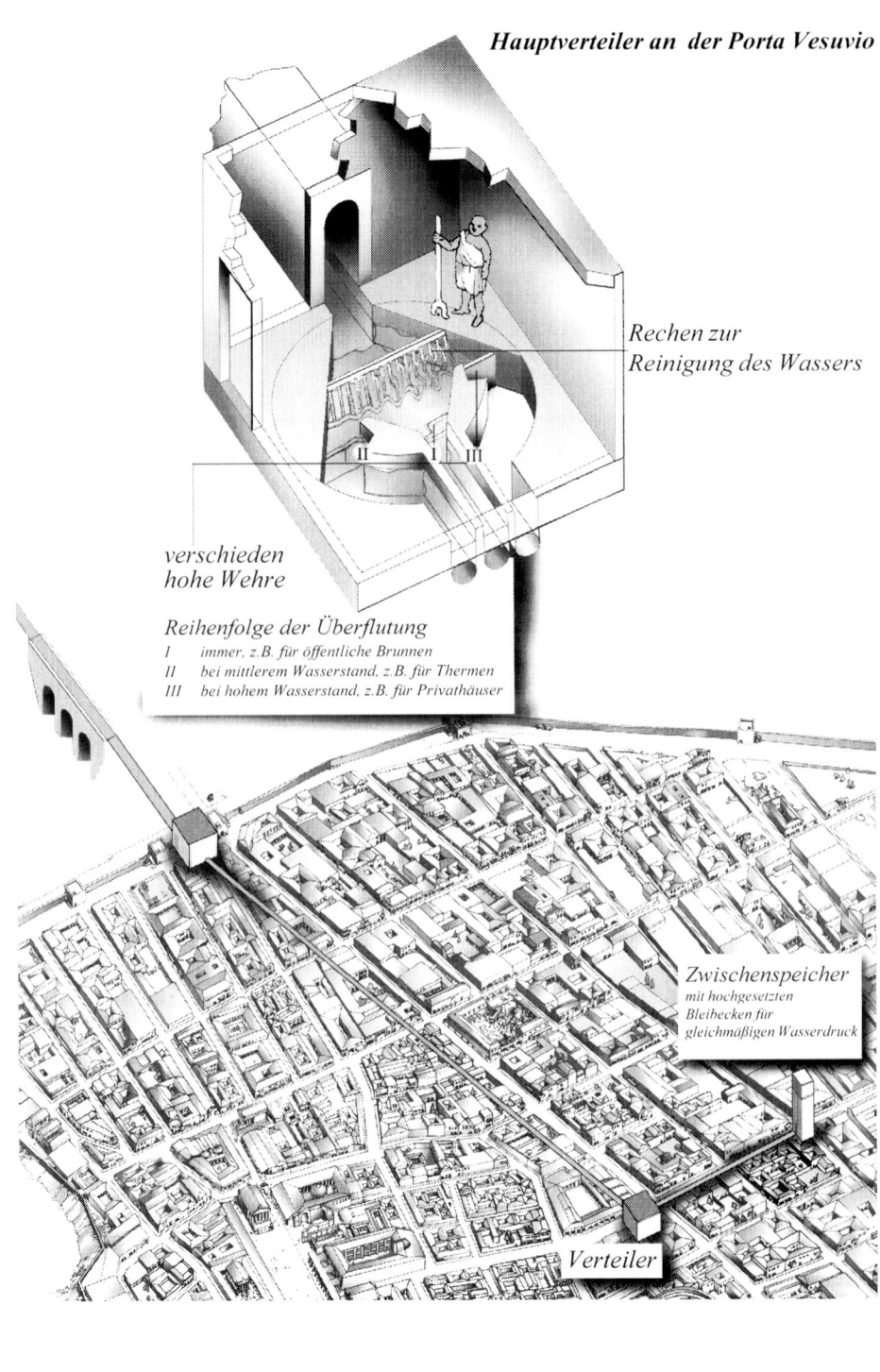

Hauptverteiler an der Porta Vesuvio

Rechen zur
Reinigung des Wassers

II   I   III

verschieden
hohe Wehre

Reihenfolge der Überflutung

I   immer, z.B. für öffentliche Brunnen
II   bei mittlerem Wasserstand, z.B. für Thermen
III bei hohem Wasserstand, z.B. für Privathäuser

Zwischenspeicher
mit hochgesetzten
Bleibecken für
gleichmäßigen Wasserdruck

Verteiler

Antinous,
Verwalter der städt.
Wasserversorgung

Lucretius,
Verwalter in der Wäscherei

Obelius,
Bäckereibesitzer

Der Wasserdieb

Der Sommer war heiß und die trockenen Tage zogen sich lange hin. Alle Zisternen in den Höfen der Häuser trockneten nach und nach aus, so dass das Wasser in der Stadt äußerst knapp wurde.

Der Ädil Antonius saß in seinem Büro und fächelte sich mit einem ägyptischen Papyrusfächer Luft zu. Er hatte ihn kürzlich bei einem seiner Besuche in Ostia von einem lybischen Händler gekauft.

„Diese Hitze ist wirklich unbeschreiblich", stöhnte er und blickte seine Nichte Julia dabei an, die ihm gerade ein kleines Gericht, gewürzt mit Garum, gebracht hatte.

Garum: die Würzsoße für alle Gerichte.
Die Römer lieben es, ihre Speisen und Getränke mit Garum zu
würzen. Um diese Soße herzustellen, werden Fische für mehrere
Tage in eine Salzlake eingelegt, wo sie sich zersetzen. Anschlie-
ßend wird der stark riechende Brei in Kesseln über Feuer einge-
dickt. Je nach Herstellungsort werden verschiedene Fischarten
verwendet und auch unterschiedliche Gewürze untergemischt. Das
„garum pompeianum" ist in der ganzen römischen Welt bekannt.

21

Plötzlich stürmte ohne Anmeldung Antinous, der Verwalter der städtischen Wasserversorgung, in den Raum. Erregt stand er vor dem Schreibtisch.

„Ädil, so geht es nicht mehr weiter. Das Wasser ist schon seit Tagen knapp, was bei der Hitze auch kein Wunder ist, aber nun ist es mehrmals vorgekommen, dass uns das Wasser völlig gefehlt hat – einfach so, als wäre es weggesogen worden!"

„Langsam, langsam. Setz dich erst einmal", beruhigte Antonius den Verwalter, der völlig außer sich zu sein schien. Er wies auf den Stuhl vor seinem Schreibtisch. Der Verwalter setzte sich und wischte sich mit einem großen Tuch den Schweiß von seinem roten Gesicht.

„In den letzten Tagen ist es einige Male vorgekommen, dass überhaupt kein Wasser mehr im Zwischenspeicher an der Via dell'Abbondanza gewesen ist; immer morgens war er trocken wie ein Fischskelett, das tagelang in der Sonne lag. Es hat nun den Anschein, dass nachts die Verbindungsleitung vom Verteiler zum Speicher angezapft wird, so dass kein Wasser nachlaufen kann."

„So, so, Antinous. Hast du denn schon einen Verdacht?", fragte der Ädil vorsichtig.

„Nun, eigentlich nicht, aber ..."

„Ja, was?"

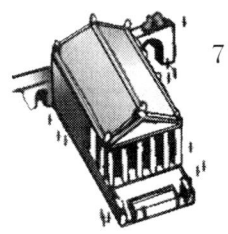

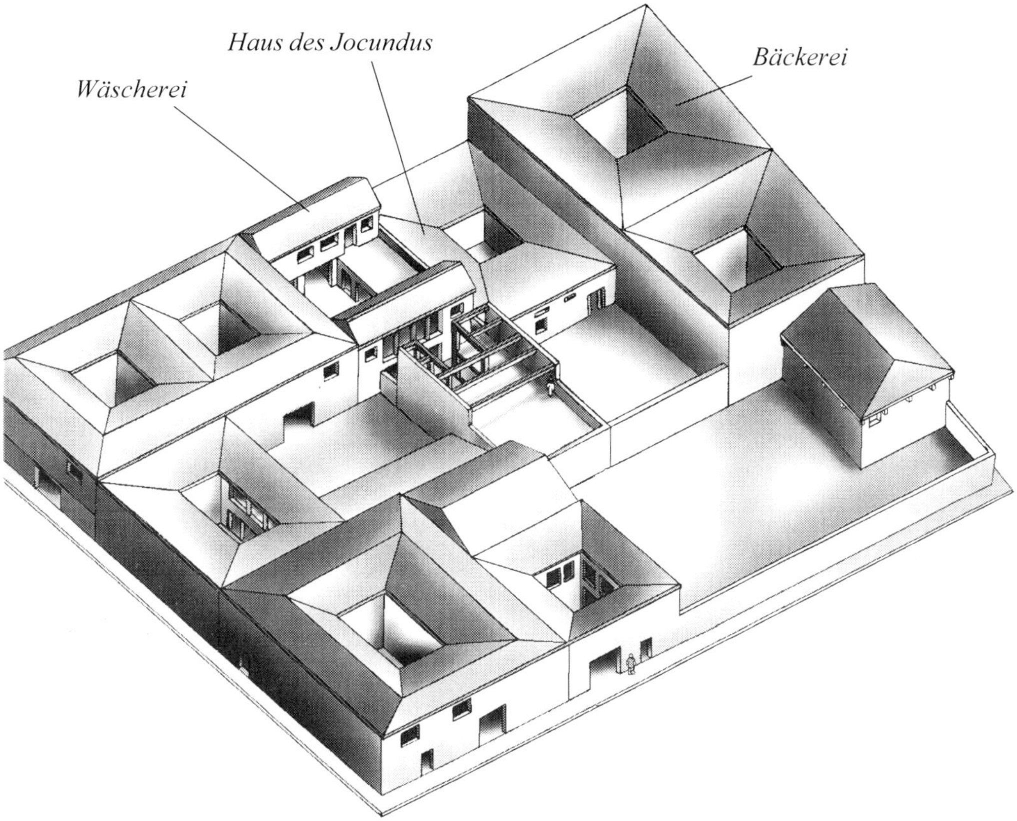

Wäscherei

Haus des Jocundus

Bäckerei

„Aber vielleicht die Wäscherei Stephani oder aber die Bäckerei des Obelius ... ich meine, die benötigen viel Wasser und das ist teuer – im Augenblick. Und beide liegen sie an der Via dell'Abbondanza in der Nähe der Leitung."

In Pompeji gibt es nur noch wenige kleine Backöfen. Der Hauptteil des Brotes wird in regelrechten „Brotfabriken" erzeugt. Mehr als vierzig davon gibt es in den Stadtteilen. Das pompejische Brot ist rund und auf der Oberfläche in acht Teile geteilt.

„Und hast du schon nachgeschaut, wo jemand die Leitung angezapft hat?"

„Dazu benötige ich deine Hilfe, Ädil! Die Kontrolle liegt in deinem Zuständigkeitsbereich!"

„Gut, gut, wir werden sehen."

So zogen der Ädil, Antinous und Julia los, um die Leitung zwischen dem Verteiler an der Via Stabiana und dem Zwischenspeicher an der Via dell'Abbondanza aufs Genaueste zu untersuchen. Unterwegs trafen sie zufällig Marcus, der sich gerne zu ihnen gesellte, weil er einen neuen Fall witterte.

„In Pompeji wird das Wasser über eine lange Leitung aus den Bergen herangeführt und im Hauptverteiler an der Porta Vesuvio erreicht es das Stadtgebiet. Hier, an einem der höchsten Punkte der Stadt, wird das kostbare Nass auf die verschiedenen Leitungen, die durch die Stadt führen, verteilt. Der Verteiler ist so konstruiert, dass in Zeiten der Wasserknappheit, so wie jetzt, die Abzweigungen zu den Privathäusern zuerst trocken gelegt werden. Das natürliche Gefälle der Röhren erzeugt den Druck in den Leitungen, die aus Ton oder aber aus Blei geformt sind. Alle Gebäude der Stadt haben ihre eigenen Zisternen, die vom Wasser aus den Abflüssen der Dächer gespeist werden, denn einen eigenen Wasseranschluss können sich nur die wohlhabenden Hausbesitzer leisten", erklärte der Onkel den Kindern auf ihrem Weg zur Via dell'Abbondanza.

Zuerst stattete der Ädil der Wäscherei Stephani einen Besuch ab. Vom Verwalter Lucretius wurden sie aber recht unfreundlich empfangen. Er verwahrte sich gegen solche Verdächtigungen. Wortreich erklärte er, dass natürlich in den Zisternen der Wäscherei noch genügend Wasser sei, um den Betrieb auch während der trockenen Tage fortführen zu können.

„Wir haben es nicht nötig, unser Wasser zu stehlen. Auch wenn es noch länger so trocken und warm bleibt, reicht uns die geringe Zuteilung aus der städtischen Wasserversorgung zusammen mit dem Wasser, das wir noch in den Zisternen gesammelt haben."

Der prüfende Blick, den der Ädil zusammen mit seinen Gehilfen in die unterirdischen Gewölbe der Wäscherei warf, bestätigte die Aussage des Lucretius. Es war tatsächlich genügend Wasser vorhanden; die Zisternen waren noch gut gefüllt. Das Gleiche war bei der Bäckerei des Obelius; auch hier waren die Zisternen noch gut zur Hälfte voll. Obelius, ein ehemaliger Zenturio, der so manchen Feldzug in Vorderasien mitgemacht und dabei sogar durch eine Reiterattacke am rechten Fuß zwei Zehen verloren hatte, führte sie persönlich durch das Haus.

6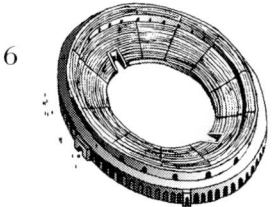

„Nun gut. So müssen wir jetzt die Stelle finden, an der das Wasser unrechtmäßig aus der Leitung abgezapft wird. Wenn jemand des Nachts eine so große Menge der kostbaren Flüssigkeit entnehmen will, muss dort doch ein recht großes Loch gebohrt worden sein", meinte der Ädil etwas ratlos und faßte sich an seine Nase.

In der Via dell'Abbondanza gab es nur drei Stellen, an denen die Wasserleitung frei zugänglich war. Neben dem Haus des Caecilius Jocundus bemerkten sie an der Rückwand eines Schuppens eine große, feuchte Fläche.

Marcus verschob einige Holzplanken, die an der Mauer lehnten, und war wenig überrascht: Das sichtbare Bleirohr war an dieser Stelle nur notdürftig geflickt worden.

„Hier ist die Stelle!", rief Antinous. „Von hier muss das Wasser mit Eimern des Nachts geholt und fortgebracht worden sein. Dort im Matsch sieht man noch die Abdrücke der Behälter!"

Versonnen starrte der Ädil auf den Matsch und irgendetwas schien ihm daran aufzufallen. Schließlich wandte er sich zu den anderen und strich sich langsam über seine Glatze. Lächelnd verkündete er, er wisse, wer der Wasserdieb sei: „Lasst uns gehen, den Schuldigen seiner gerechten Strafe zuzuführen!"

Weißt du es auch?

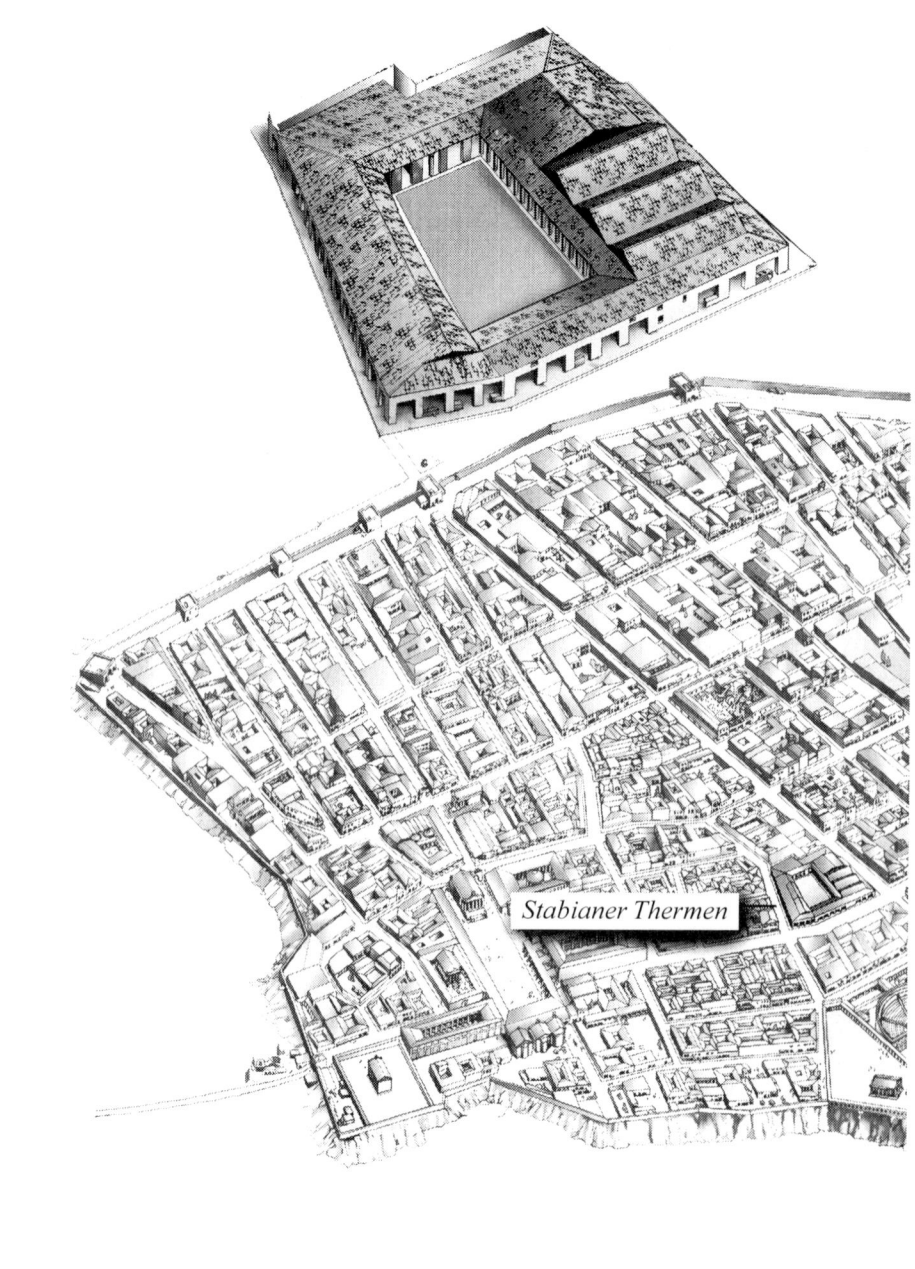

Stabianer Thermen

Joghurtus,
Gladiator

Vercingetorix,
Gladiator

Der verhinderte Gladiator

Marcus stürzte atemlos ins Zimmer des Ädilen
und schlug die Türe hinter sich zu: „Entschuldigt, Onkel.
Ich habe mich leider etwas verspätet, denn ich musste für
meine Mutter noch frisches Leinen bei Octavia Quartia vor-
beibringen."

„Ah, mein Neffe und unentbehrlicher Helfer! Wie schön,
dass du auch schon erscheinst. Und wir können auch gleich
wieder gehen." Der Onkel stemmte sich aus seinem Sessel
und bedeutete Marcus mit einer Handbewegung, ihm zu
folgen: „Komm! Je eher wir die Untersuchung beginnen,
desto eher komme ich zu meinem Imbiss."

Jovian,
Trainer des Hadrianus

Hadrianus,
Gladiator

Agathias,
Wirt

Marius,
Weinhändler

Es war noch recht früh am Morgen, die Sonne hatte sich gerade durch den Morgennebel hervorgearbeitet und strahlte über dem Kegel des Vesuv. Marcus und der Ädil Antonius durchschritten das breite Forum. Ihr Weg führte durch die Via dell'Abbondanza.

„Wohin gehen wir?", fragte Marcus, neben dem Onkel hereilend.

„Zu den Stabianer Thermen. Es geht um einen Vorfall, der sich dort gestern Abend ereignet hat", erklärte Antonius kurz. „Der Betroffene und sein Trainer erwarten uns bereits."

„Sein Trainer?"

„Es geht um Hadrianus, den berühmten Gladiator."

Als sie am Bad ankamen, wurden sie schon ungeduldig vom Gladiator und dessen Trainer Jovian erwartet. Beide standen vor der Gaststätte „Zur Vollen Amphore" und schauten die Straße hinunter. Im Geschäft daneben war der Eingang beschädigt und alles lag voller Scherben. Über allem hing dazu noch ein recht kräftiger Geruch nach Fisch.

„Hallo, Agathias, was ist denn bei dir nebenan passiert?", rief Antonius dem Wirt der „Vollen Amphore" zu.

„Seid gegrüßt, Antonius. Hier ist gestern ein Eselskarren umgestürzt, kurz bevor ich meinen Laden aufgemacht habe. Schlimm, schlimm! Unglücklicherweise war er voll mit Fischen vom Hafen beladen! Ich war ausnahmsweise einmal später dran, denn ich war am vorigen Tag bei meiner Schwiegermutter zu Besuch."

„Ja, das muss auch einmal sein; aber nun zu euch - Hadrianus und Jovian."

„Was für eine Katastrophe, Ädil. Mein Hadrianus konnte nicht in den Ring. Er hätte gewonnen, er hätte die Gegner in den Boden gestampft!"

Der Trainer stampfte so kraftvoll auf den Boden, als wolle er zeigen, wie es sein Schützling gemacht hätte.

„So, so. Hadrianus konnte also gestern nicht bei den Kämpfen im Ring antreten, auf die ganz Pompeji seit Tagen gewartet hatte? Und ein anderer kassierte an seiner Stelle die Siegesprämie? Aber wie kam das? Erzählt mir das der Reihe nach."

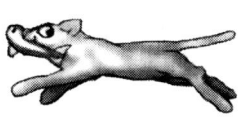

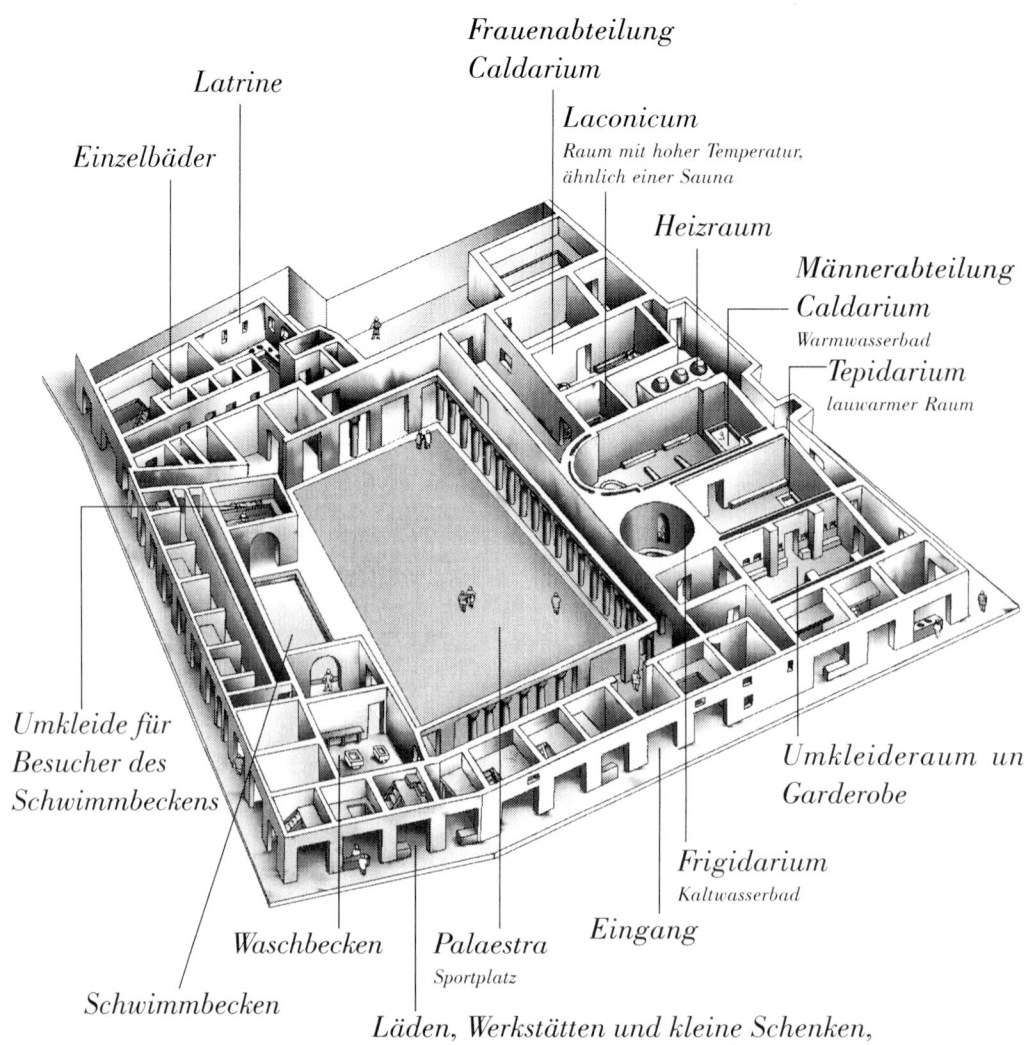

Latrine

Einzelbäder

Frauenabteilung
Caldarium

Laconicum
Raum mit hoher Temperatur,
ähnlich einer Sauna

Heizraum

Männerabteilung
Caldarium
Warmwasserbad

Tepidarium
lauwarmer Raum

Umkleide für
Besucher des
Schwimmbeckens

Umkleideraum un
Garderobe

Frigidarium
Kaltwasserbad

Waschbecken

Palaestra
Sportplatz

Eingang

Schwimmbecken

Läden, Werkstätten und kleine Schenken,
darunter die „Volle Amphore" des Agathias

Hadrianus, der an der Theke des Imbisses in der Laden-
reihe des Bades lehnte, gab grunzende Laute von sich und
drehte die Augäpfel nach oben – als Zeichen angestrengter
geistiger Tätigkeit.

„Nu, ja, also, am frühen Abend sollten die Spiele stattfinden. Und vorher ging ich noch einmal ins Bad, genau
wie mir mein Trainer gesagt hatte: zur Muskelauflockerung
ein warmes Bad. Ja, nu, und dann wurde mir erst übel und
dann schlief ich ein. Ja, nu ...“

„Hast du während der Zeit im Badehaus etwas zu dir
genommen - gegessen, getrunken?“, forschte der Ädil nach.

„Hm, ja, nu – getrunken.“

Pause.

„Wann und was?“

„Nu, Wasser aus dem Krug, der im Raum stand; wann,
weiß ich nicht mehr.“

„Dann lasst uns gehen!“, sagte der Ädil. Er setzte sich
in Bewegung und die anderen folgten hinterher.

Im Caldarium, dem Warmraum, angekommen, blickte
sich Antonius aufmerksam um.

„Ah, das wird der Krug sein“, rief der Ädil und zeigte
auf ein Gefäß, das auf einer kleinen Säule mitten im Raum
stand. Hadrianus bestätigte es.

„Nun, das riecht verdächtig! Sehr verdächtig!“

---

*Wohlig warm: Im Tepidarium und im Caldarium ruhen Fußboden
und Beckengrund auf Ziegelsäulen, zwischen denen die im Heizraum
erwärmte Luft hindurchstreicht.
Diesen Zwischenraum nennt man
Hypokauston. Hinter der Wand-
verkleidung befinden sich
hohle Keramikziegel, durch
die ebenfalls warme Abluft
oder Rauch abziehen kann.*

Der Ädil hielt seine mächtige Nase über den Rand des Kruges – nicht umsonst wurde er von einigen spöttischen Mitbürgern auch „Naso", die Nase, genannt. Vorsichtig nahm er mit dem Zeigefinger einige Tropfen des Wassers aus dem Krug und träufelte sie auf seine Zunge.

„Ja, also", sagte er nachdenklich und schmeckte nochmals einige Tropfen des Wassers ab, „ich denke, in diesem Krug ist nicht nur reines Wasser. Hier ist ein Schlafmittel beigemischt worden."

„Ha, ein Schlafmittel – um zu verhindern, dass mein Hadrianus am Turnier teilnimmt und den Sieg erringt! Was für ein hinterhältiger Anschlag!"

„Hadrianus", wandte sich Antonius dem Gladiator zu, „denke gut nach! Hast du das Caldarium gestern einmal für eine kurze Zeit verlassen?"

Längere Pause, dann antwortete Hadrianus: „Nu, ja, doch. Einmal kurz. Draußen war doch dieser Höllenlärm, weil der Eselskarren umstürzte. Das habe ich mir mal angesehen. Nu ja, bald darauf bin ich eingeschlafen."

„Niemand konnte ihn wach kriegen", ergänzte Jovian, der Trainer, „auch nicht Joghurtus, der hier nebenan im Kaltbad war."

„Joghurtus, der nordafrikanische Gladiator? Der dann beim Turnier beinahe gesiegt hätte?", fragte Antonius.

Gladiator

„So ist es!", scholl es vom Flur vor dem Caldarium her. Es war Marius, ein Weinhändler aus dem Viertel an der Porta Stabia. „Ich habe eine Menge Gold gewettet auf Joghurtus und dann zieht der Trottel noch den Kürzeren gegen den Vercingetorix, obwohl Hadrianus als Favorit schon nicht antreten konnte. Ich habe Vercingetorix übrigens in der Straße nebenan gesehen. Es war kurz bevor das Unglück mit dem Eselskarren passierte. Ich war zu der Zeit, als der Schlaftrank eingeträufelt wurde, gerade in der Schenke des Agathias."

„Ach, das ist interessant. Dann sollten wir uns einmal mit Vercingetorix unterhalten. Soweit ich weiß, ist sein Trainer einmal als Heilkundiger tätig gewesen; also jemand, der sich gut mit Heilkräutern und Gifttränken auskennt. Vielen Dank für den Hinweis, Marius. Komm, Marcus. Lass uns gehen."

Der dicke Ädil und sein Neffe schlugen den Weg zur Schule der Gladiatoren ein. Plötzlich blieb Marcus stehen, schlug sich an die Stirn und rief: „Halt, was sind wir blind. Ich weiß, wer den Schlaftrank in den Wasserkrug gegeben hat."

Du auch?

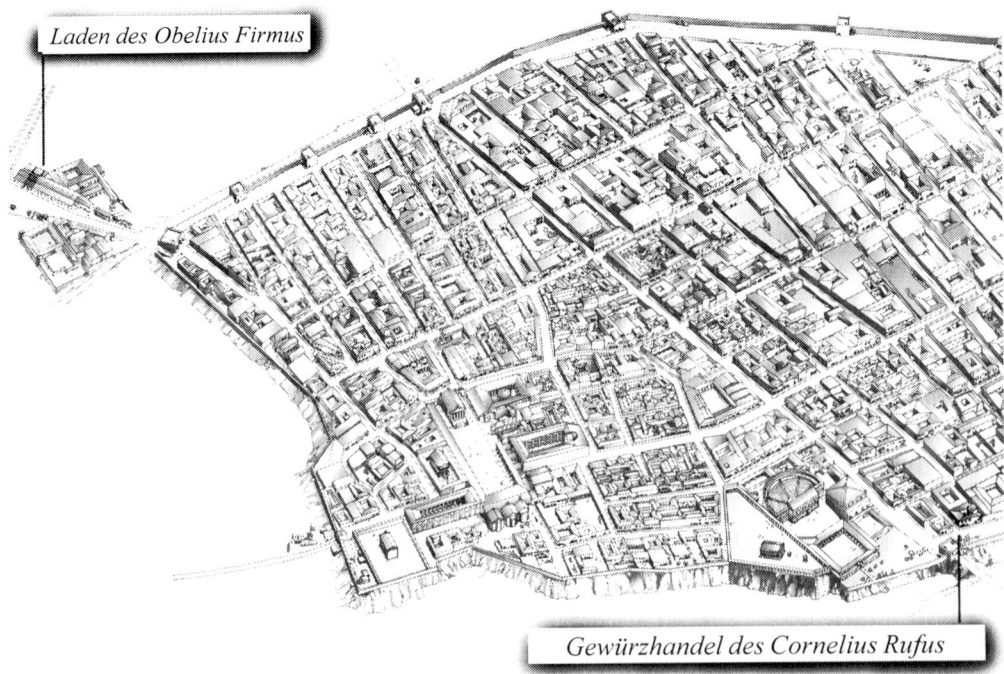

Laden des Obelius Firmus

Gewürzhandel des Cornelius Rufus

Cornelius Rufus,
Gewürzhändler

Caecilius,
Lagerverwalter des Cornelius

Obelius Firmus,
Großhändler

Gefälschtes Sylphium

„So geht das nicht, Ädil! So nicht! Ihr müsst sofort einschreiten!"

Fabius Amandius, einer der beiden Bürgermeister der Stadt, war sichtlich aufgeregt.

„Cornelius Rufus verkauft gefälschtes Sylphium. Auch meine Frau hat bei ihm gekauft, zwei Fläschchen sogar. Was denkt Ihr, wie die gebratenen Täubchen bei meinem letzten Festbankett geschmeckt haben? Na ja, ehrlich gesagt, i c h hätte es kaum gemerkt – aber die Gäste, die Gäste! Was für ein Verbrechen, das edle Sylphium, das wir Römer zum Würzen und als Heilmittel benützen, zu fälschen! Das muss auf jeden Fall gesühnt werden! Also, ich verlasse mich auf Euch, Ädil!"

Damit rauschte Fabius Amandius wieder zur Tür hinaus. Vorbei an Julia und Marcus, die gerade den Onkel besuchen wollten. Verwundert schauten die Kinder dem davonstürzenden Fabius nach.

„Ave, Onkel. Was ist denn mit dem los?"

„Ave, Julia, Marcus. Ich bin gerade im Aufbruch begriffen, ich gehe zum Gewürzhändler Cornelius Rufus. Der Bürgermeister hat soeben eine sehr schwer wiegende Anklage erhoben. Hat der Cornelius sein Geschäft nicht nahe der Porta Stabia? Ich weiß das nicht sicher, schließlich kaufe ich nie Gewürze oder andere Essensdinge; ich speise im Allgemeinen in einer der Garküchen bei den Thermen."

„Ja, sein Geschäft ist da unten, wir zeigen dir, wo genau!", rief Julia eifrig. „Wir begleiten dich bis dorthin."

So machten sie sich auf den Weg. Unterwegs erzählte der Ädil Antonius den beiden Kindern von den Beschuldigungen, die gegen Cornelius Rufus erhoben worden waren.

Als der Gewürzhändler von den Vorwürfen erfuhr, wies er empört alles von sich: „Nichts davon ist wahr! Ich habe jedenfalls nicht bewusst gefälschtes Sylphium verkauft. Ich beziehe alle meine Waren vom Großhändler Obelius Firmus. Wenn jemand tatsächlich betrogen hat, dann hat er mir das

---

Sylphium-Kraut ist nicht mit Gold aufzuwiegen. Die römische Küche verwendet häufig Gewürze und Spezialsoßen. Zu den teuersten Gewürzen zählt das Sylphium, das aus der Cyrenaika in Nordafrika eingeführt wird. Aber jetzt schon, zur Zeit des Kaisers Nero, wird es immer seltener. Bald wird es ganz aussterben. Man versucht Sylphium zu ersetzen durch Asafötida, das in Persien aus der Wurzel Ferlua hergestellt wird. Es ist aber bei weitem nicht so wohlschmeckend.

gefälschte Gewürz angedreht. Bestimmt ist es dieser persische Ersatzstoff, äh – wie heißt er doch gleich? – ah, ja, Asafötida."

„So, du meinst also, der Händler Obelius Firmus ist der allein Schuldige?"

„Aber sicher, der Kerl hat auch mich hereingelegt. Ich, ich bin so unschuldig wie ein neugeborenes Kindlein. He, Caecilius, komm her. Das ist Caecilius, mein Lagerverwalter. Sag, Caecilius, du bist hier zuständig für die Einkäufe

bei Obelius Firmus. Der Ädil erhebt die Anklage, dass gefälschtes Sylphium hier bei uns verkauft worden sei. Das kann doch gar nicht wahr sein, oder!?"

„Richtig, Herr! Wenn wir uns eines Verbrechens schuldig gemacht haben, dann unwissentlich. Dann ist uns das gefälschte Gewürz von Obelius Firmus untergeschoben worden."

„Seht Ihr, Ädil, Caecilius sagt es auch, ich habe nichts damit zu tun. Ich bin auch betrogen worden."

„Gut, gut. Ich werde mich mit Obelius Firmus darüber unterhalten müssen, wie das gefälschte Sylphium zu Euch gekommen ist. Einstweilen noch einen guten Tag."

Draußen auf der Straße wandte sich Antonius unauffällig zu Julia und Marcus und flüsterte ihnen zu: „Der Händler ist mir zu glatt. Seine Erklärungen kamen zu schnell. Da stimmt etwas nicht! Ihr postiert euch bitte ohne Aufsehen dort drüben an der Ecke und behaltet den Laden des Cornelius Rufus im Auge. Achtet auf alles Auffällige und Unauffällige, ich gehe derweil erst einmal eine Kleinigkeit essen – bei den Thermen, ihr wisst schon."

Kaum hatten die Kinder ihren Posten bezogen, da erschien auch schon der Lagerverwalter des Cornelius Rufus im Tor des Gewürzladens. Er spähte nach links und rechts und lief dann eilig die Straße entlang.

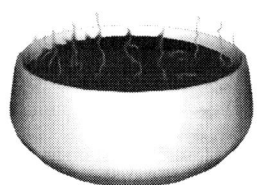

Die Pompejaner haben eine Vorliebe für Eintopf aus Kirchererbsen mit Speck.

„Horch, Julia. Bleib du hier und achte weiter auf das Geschäft. Ich folge Caecilius."

Marcus machte sich daran, hinter dem Lagerverwalter herzulaufen, was im Gedränge der Menschen auf den Straßen nicht weiter schwer war. Der Lagerverwalter schlug den Weg zum Forum ein. Er eilte vorüber am Gebäude der Priesterin Eumachia, dem Bau der Wollweber- und Färberzunft, ließ den Jupitertempel links liegen und ging auf direktem Weg durch den Triumphbogen des Tiberius.

Hinter den Thermen des Forums bog er links ab und eilte dann die Via Consolare hinauf bis zur Porta Ercolano. Hier befanden sich am Stadttor mehrere Grabmäler und dahinter einige Läden.

In eines der Tore bog Caecilius schließlich ein; es war das zum Laden des Obelius Firmus. Caecilius und Obelius begrüßten sich herzlich, soviel konnte Marcus von außen sehen, doch dann verschwanden die beiden in den hinteren Teil des Gebäudes.

Marcus ging um die Ecke auf die Rückseite des Hauses. Hier erblickte er einen Bretterverhau. Er schlich sich nah heran und lugte durch einen Spalt zwischen den Brettern. Gerade noch hörte er Caecilius sagen: „... und diese Gläschen hier, sieh. Sie werden in Persien ausschließlich für den Verkauf von Asafötida hergestellt, die gibt's sonst nicht,

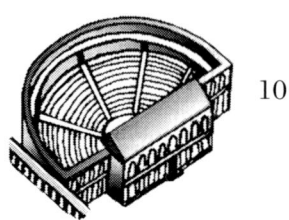

10

hat mir Cornelius Rufus erklärt. Vielleicht können wir die noch in Gallien verkaufen, leer natürlich."

„Ja, versuchen sollte man das schon. Wäre doch schade drum. Da können wir wenigstens noch einige Sesterzen verdienen. Ich kenne da einen Schiffsbesitzer aus Narbonne, der hat sein Büro im Hafen von Ostia; den werde ich nächste Woche aufsuchen ... Hallo, was war das draußen, ich habe doch da etwas gehört!"

Obelius Firmus blickte geradewegs auf den Spalt im Bretterzaun. Er machte einige Schritte darauf zu, doch dann zuckte er die Schultern, nahm Caecilius beim Arm und ging mit ihm ein paar Schritte zur Seite. Marcus duckte sich tief auf den Boden und verhielt sich mucksmäuschenstill.

Als die beiden Händler den Raum verließen, nahm er seine Beine in die Hand und jagte zurück zu Julia, die immer noch gegenüber dem Geschäft aufpasste. Heftig atmend traf er vor dem Laden des Cornelius Rufus ein, gerade als auch der Onkel von seinem Mittagsmahl zurückkehrte.

„Nun, wie steht es? Ist der Lagerverwalter kurz nach unserem Besuch unterwegs gewesen?"

„Woher weißt du das, Onkel?", fragte Julia erstaunt.

„Nur eine Ahnung, mehr nicht!", lächelte der Onkel. „Spitzbuben kann ich eigentlich schon von weitem riechen."

Unbewusst fasste er sich an seine große Nase und rieb den Nasenrücken.

Marcus machte ein wichtiges Gesicht: „Also, Onkel, ich sage Euch, Cornelius Rufus wusste Bescheid über den Betrug. Da bin ich mir ganz sicher!"

Weißt du, woher Marcus wusste, dass Cornelius Rufus davon Kenntnis haben musste, dass er Asafötida eingekauft hatte und kein echtes, teures Sylphium?

Theatergruppe

Das kleine Theater, das Odeon

Stabilius,
beleidigter Dramatiker

Fabius,
verhinderter Schauspieler

Der Fall auf der Bühne

„Ah, das Theater! Wie sehr liebe ich diese erwartungsvolle Stimmung so kurz vor der Aufführung: diese prickelnde Spannung, diesen Geruch nach Schminke und Farben und das angeregte Geplauder der Menschen!" Der Ädil Antonius rückte wohlig seufzend sein Kissen zurecht und lehnte sich zurück. „Gleich geht's los", flüsterte er Julia und Marcus zu.

Julia, die neben ihrem Onkel saß, wandte sich an Marcus: „Schade, wegen der Masken, die die Schauspieler tragen, kann man die Gesichter der Darsteller überhaupt nicht mehr erkennen."

Menandros,
eifersüchtiger Theaterliebhaber
    Fannius Sinistor,
Theaterdirektor
    Predicius,
der Vertreter von Eratus

„Das ist Absicht, denn die Gesichter sind unwichtig! Es geht bei der Schauspielerei nur um die Gestik – die Bewegungen also – und um die Texte. Für mich persönlich ist aber die Musik das Wichtigste", erwiderte ihr Bruder.

„Heute spielt Eratus – die Leute sind ganz verrückt nach ihm. Seht nur die Blumen und die Seidentücher, die sie schon vor die Bühne geworfen haben." Der Ädil wies nach vorn. „Na, das ist gut, sogar sehr gut: Wenn das Publikum zufrieden ist, bin ich's auch; schließlich fällt das Theater in meinen Zuständigkeitsbereich."

Die Musik begann zu spielen und der Vorhang hob sich. Im Odeon wurde es nach und nach ruhig und der bekannte Schauspieler betrat die Bühne, das Gesicht durch eine Maske verdeckt. Doch kaum hatte er einige Schritte vor der farbenprächtigen Kulisse getan, da löste sich mit lautem

1

Geknister ein dunkler Schatten aus dem Deckenbereich und sauste in Richtung Eratus nieder. Donnernd schlug der schwere Gegenstand neben dem Schauspieler auf und zerbrach mit Getöse in tausend Teile.

Die Gestalt mit der Theatermaske erstarrte kurz, um dann, wie vom Blitz getroffen, zu Boden zu fallen. Auch im Publikum herrschte für einige Sekunden atemlose Stille – bis auf den Rängen Schreie erklangen und ein Tumult ausbrach.

„Das darf doch nicht wahr sein!", murmelte der Ädil, erhob sich von seinem Platz und erklomm mit erstaunlicher Behändigkeit die Bühne. Von dort aus rief er in die Menge: „Liebe Mitbürger und Mitbürgerinnen! Ihr habt alle gesehen, was geschehen ist. Sicher ist es nur ein kleines Missgeschick, doch der große Schauspieler Eratus muss sich erst erholen! Geht nach Hause; es tut mir Leid, die Aufführung ist für heute beendet. Bitte verlasst das Theater!"

Murrend und schiebend drängten sich die Menschen aus dem Gebäude – nicht ohne vorher noch einmal einen neugierigen Blick zur Bühne geworfen zu haben.

Unterdessen hatten sich die Kollegen des Mimen und einige der Zuschauer um den leblos daliegenden Körper versammelt.

„Oh je, da hat's den Eratus aber knapp verfehlt!", rief einer der Umstehenden erschüttert aus.

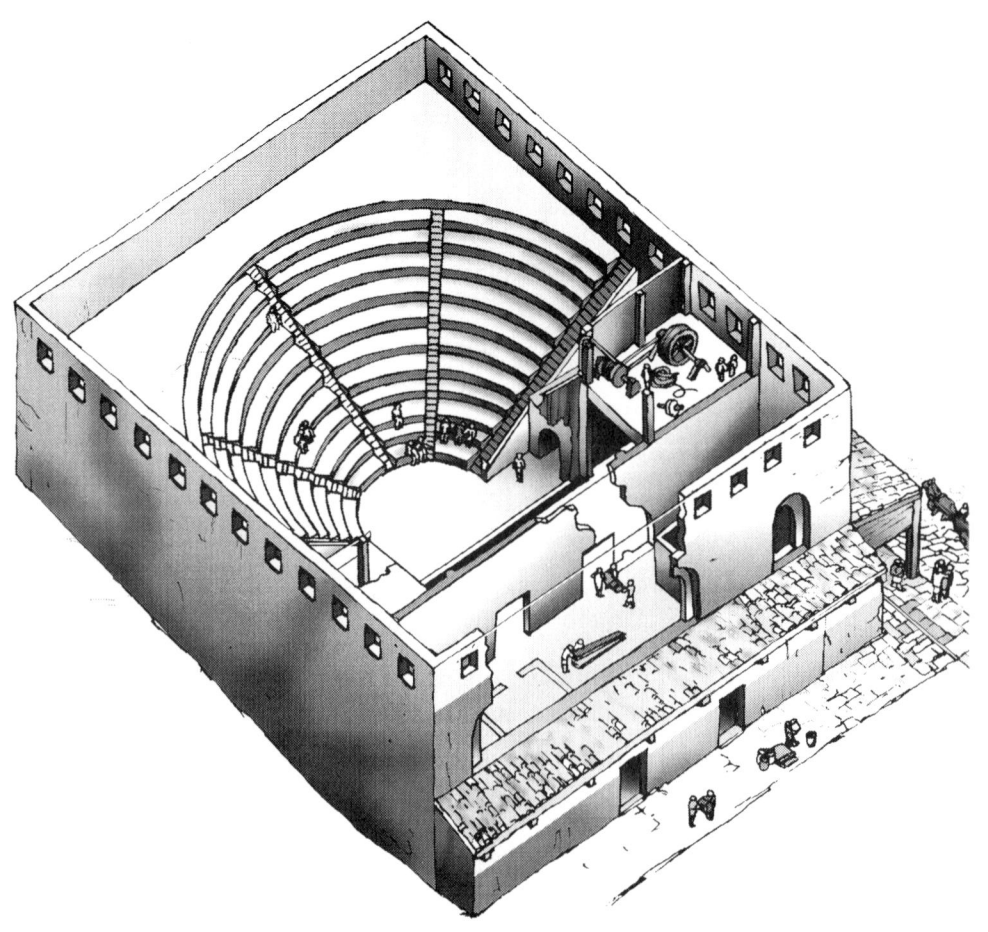

Das kleine Theater, das Odeon, wurde vorzugsweise
für Musik- und Rezitationsdarbietungen genutzt.

„Das ist Menandros, der Theaterliebhaber. Der Arme sieht ja ganz blass und mitgenommen aus", sagte Marcus zu seiner Schwester.

„Sieh mal, Eratus bewegt sich!", rief Julia. Sie war sehr erleichtert, dass dem beliebten Mimen nichts weiter Schlimmes passiert war.

„Alles halb so wild, es ist nur der Schrecken", sagte der Ädil, der den Schauspieler kurz untersucht hatte und dem Liegenden nun die Maske abnahm.

„Nanu, das ist ja gar nicht Eratus", fuhr er verwundert zurück.

„So ist es!", stimmte jemand aus dem Hintergrund zu.

„Ah, Fannius Sinistor", begrüßte ihn der Ädil – und zu Julia und Marcus gewandt, „Fannius Sinistor ist der Leiter des Theaters."

Fannius erklärte ihnen, dass Eratus ganz plötzlich erkrankt sei und er erst kurz vor Beginn der Aufführung den Predicius herbeigeholt habe, damit der die Rolle übernehme. Mittlerweile hatte sich Predicius erhoben, gestützt von einigen Musikern aus dem Orchester. Offensichtlich hatte er den Vorfall unbeschadet überstanden.

„Was hat da eigentlich so effektvoll auf dem Bretterboden eingeschlagen?", interessierte sich Julia. „Das sollten wir uns doch einmal anschauen."

„Nun", antwortete Fannius Sinistor, „das ist eine der aus-
gemusterten Holztrommeln zum Aufrollen der Seile, mit
denen der Vorhang auf und nieder bewegt wird. Eine ziemlich gewichtige Konstruktion. Wer die abbekommt – oh je!"

Fannius Sinistor blickte nach oben.

„Lucius, komm mal runter!", schrie er und an den Ädilen
gewandt fuhr er fort: „Lucius ist der Sklave, der für die
Vorhänge und für die mechanischen Effekte wie das Raus-
und Reinfahren der Götter zuständig ist."

Kurz darauf erschien Lucius und der Ädil fragte ihn, wie
es möglich sein könne, dass eine solch schwere Vorrich-
tung ungesichert über der Bühne lagere.

Lucius wehrte sich gegen den Verdacht, leichtsinnig gewesen zu sein, und machte ein empörtes Gesicht.

„Dieses Teil lag nicht ungesichert über dem Bühnenraum.
Wir haben es gestern noch in einer sicheren Ecke hinten
am Treppenaufgang verstaut, damit es niemanden stört.
Irgendjemand muss die Seiltrommel nach vorne gebracht
und dann nach unten gestoßen haben."

„Ein Anschlag? Aber warum? Wer wollte Predicius ans
Leben?", fragte Antonius.

„Moment, Onkel!", warf Julia ein. „Vielleicht wollte man
ja gar nicht Predicius treffen? Wer wusste denn schon, dass
er die Rolle spielen würde? Die Erkrankung des Eratus war

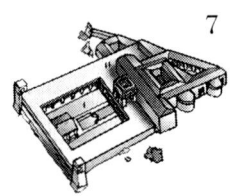

7

recht plötzlich! Du dachtest ja schließlich auch, er stecke unter der Maske."

„Nicht ohne, dieser Gedanke", pflichtete Fannius Sinistor bei. „Ich wüsste auch niemanden, der Predicius etwas tun wollte. Bei Eratus ist das ganz anders."

„Ach, wirklich, Fannius Sinistor? Erzähle!"

„Also, zum Ersten fällt mir da Menandros ein; dessen Freundin hat angeblich dem Eratus schöne Augen gemacht. Sogar Geschenke soll sie ihm hier ins Theater geschickt haben. Na, der Menandros war jedenfalls stinksauer."

„Ja, den haben wir vorhin schon gesehen, den werten Menandros. Er war angeblich sehr erschüttert", sagte der Ädil zu Fannius Sinistor.

„Mmmh ... und dann haben wir da noch Stabilius, den Dramaturgen. Ihn hat der Eratus vor einigen Tagen schwer beleidigt; seine Stücke seien eine Zumutung für Schauspieler und Publikum, er sei einfach unfähig und so weiter ...! Na ja! Schließlich ist da auch noch Fabius, der Schauspieler. Der kranke Eratus hat die Rolle im neuen Theaterstück bekommen, die Fabius selbst gerne gehabt hätte. Er war ziemlich wütend deshalb. Also, das war's, was mir auf die Schnelle einfällt."

„Dann sollten wir uns zuallererst einmal mit diesem Fabius unterhalten."

Eigenartige Namensgebung: Bei der Vergabe der Namen orientiert man sich häufig an der äußeren Erscheinung. So bedeutet Magnus = Großer und Paulus = Kleiner, Macer = Dürrer, Tuditanus = Hammerschädel. Balbus steht für Stotterer und Flaccus hat Schlappohren. Claudius hinkt und Scaurus hat einen Klumpfuß. Manche zählen ihre Kinder einfach durch: Primus ist der Erstgeborene, Secundus der Zweite usw.

„Da müsst ihr wohl einen längeren Weg auf Euch nehmen. Fabius wollte sich auf sein kleines Landgut an der Straße nach Herculanum begeben, um einige Tage der Ruhe zu genießen. Jedenfalls hat er das zu mir gesagt, als ich ihn heute früh fragte, ob er die Rolle für den erkrankten Eratus übernehmen könne. Er hat abgelehnt – er ist halt immer noch beleidigt."

„Gut, dann befrage ich vielleicht erst einmal den Stabilius. Kannst du mir sagen, wo ich ihn finde?"

„Nun", antwortete Fannius Sinistor, „vorhin war er noch hinter dem Theater im großen Hof. Er überwacht dort den Bau des neuen Apparates für den Jupiterauftritt. In seinem neuesten Stück soll der Gott von oben herunter aus den Gewitterwolken langsam auf die Bühne schweben, um die Hauptperson zu retten. Das wird bestimmt sehr beeindruckend! Ja, also – Lucius wird euch führen."

Gemeinsam mit Lucius gingen der Ädil, Julia und Marcus auf den Hof hinaus. Und richtig, dort leitete Stabilius stimmgewaltig den Aufbau der Apparatur.

„Ave, Ädil!", begrüßte er den Antonius. „Seht Euch das an. Sieht es nicht genauso aus wie in Rom? Ich habe eine Maschine wie im Marcellus-Theater in Rom konstruiert. Ha, das wird Aufsehen erregen! Kommt hier herum, ich will Euch das genauer zeigen!"

Theatermaske

„Wartet, Stabilius. Ich muss mit Euch über den Anschlag auf Eratus reden."

„Anschlag? Was für ein Anschlag? Ich denke, Eratus liegt krank in seinem Haus darnieder. Das hat mir heute Morgen jedenfalls der Lucius berichtet."

„Ja, das stimmt!", pflichtete dieser bei.

„Onkel, hört mich an!", rief Julia und zupfte Antonius am Ärmel. „Ich denke, ich weiß jetzt, wer der Täter ist. Jedenfalls bin ich mir fast sicher. Lasst uns zu ihm gehen und so tun, als hätten wir felsenfeste Beweise!"

„Gut, versuchen wir es", sagte Antonius.

Und richtig: Zur Rede gestellt, gab der Beschuldigte alles zu und der Ädil brachte ihn vor Gericht.

Aber – wer war es und worauf begründete Julia ihren Verdacht?

Wohnhaus des Aulus Vettius Aratus

Basilika

Forum

Trebius Valens,
ist sein Geld los

Aulus Vettius Aratus,
windiger Bankier

Wo blieben die Sesterzen?

„Ich bin erledigt, Ädil!", jammerte Trebius
Valens. Er stand mit dem Ädilen Antonius in
der Basilika am Südende des Forums. Die Basilika,
eines der ältesten öffentlichen Gebäude der Stadt, war Sitz
der Stadtverwaltung und des Gerichts.

Auch die Nichte des Ädilen, Julia, und sein Neffe Marcus
hatten sich eingefunden und betrachteten mit Interesse den
verzweifelten Mann.

„Aulus Vettius Aratus sollte mein Geld dem Bankhaus
Seuthes und Sohn in Alexandria übergeben. Nun hat Seuthes
Pleite gemacht und Aratus behauptet, deshalb seien auch

Das Haus von Aulus Vettius Aratus

Das sogenannte „Haus des Fauns"

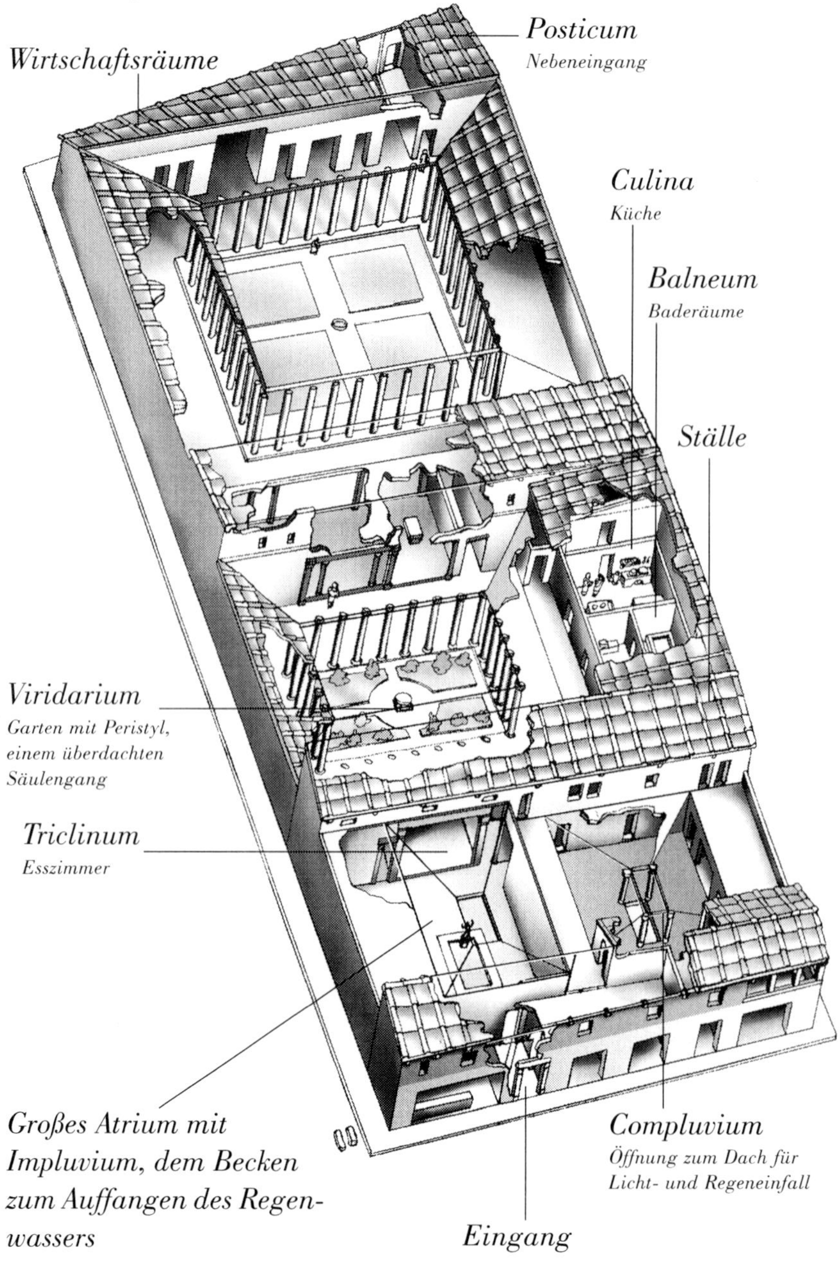

Wirtschaftsräume

Posticum
Nebeneingang

Culina
Küche

Balneum
Baderäume

Ställe

Viridarium
Garten mit Peristyl,
einem überdachten
Säulengang

Triclinum
Esszimmer

**Großes Atrium mit
Impluvium, dem Becken
zum Auffangen des Regen-
wassers**

Compluvium
Öffnung zum Dach für
Licht- und Regeneinfall

Eingang

meine Sesterzen und mein Gold verloren. Aber ich sage Euch: Aratus hat das Geld nie dem Bankhaus geschickt."

„Warum habt Ihr Euer Geld denn ausgerechnet diesem windigen Bankier gegeben?" Der Ädil schüttelte bedenklich den Kopf.

„Nun, Aulus Vettius Aratus hat behauptet, er sei mit dem Besitzer von Seuthes und Sohn gut bekannt – und der habe gerade ein Gewinn bringendes Geschäft mit einem Gewürzhändler an der Hand: Pfeffer, Zimt, Kardamom und Myrrhe aus Indien und Arabien. Nur etwas Gold zur Finanzierung würde ihnen fehlen; ob ich nicht mein Kapital vermehren wolle? Ihr wisst doch, Ädil – da könnt Ihr gut und gern das Fünf- bis Zehnfache wieder herausholen. Und nun soll mein ganzer Einsatz weg sein, weil das Bankhaus Seuthes und Sohn bankrott gegangen ist. Dabei – will ich jedenfalls behaupten – hat Aratus mein Gold gar nicht hingeschickt! Es ist in den letzten zwei Wochen kein Schiff nach Alexandria abgesegelt."

„Nun, mein lieber Trebius Valens, wenn Euer Geld nicht nach Alexandria geschickt wurde, so müsste das doch durch die Geschäftsbücher des Bankhauses nachzuweisen sein!"

Der Ädil Antonius versuchte den aufgeregten Geschäftsmann mit einer beschwichtigenden Handbewegung zu beruhigen.

Trebius Valens lachte bitter auf: „Ha, durch einen Brand ist der gesamte Bestand der Geschäftsunterlagen vernichtet worden – was für ein eigenartiger Zufall, nicht wahr, Ädil!"

„Wie viel von Eurem Geld habt Ihr denn dem Aratus gegeben?", fragte der Ädil neugierig.

„Goldmünzen habe ich ihm übergeben, ich Dummkopf, den seltenen Aureus, gemünzt in Lugdunum, äußerst selten! Genau einhundert an der Zahl; und des weiteren zehntausend Silberdenare. Man stelle sich vor! Das ist mehr als das doppelte Jahresgehalt eines hohen kaiserlichen Offiziers!"

„Ihr habt Recht, Valens, das ist ein recht beachtliches Vermögen. Oh, seht dort drüben. Da wird ja gerade der Aulus Vettius Aratus hereingetragen. Wie passend für uns!"

In einiger Entfernung setzten zwei seiner Sklaven den Bankier Aratus mit seinem Tragestuhl vorsichtig ab. Es war kein einfaches Unterfangen, denn Aratus war doch recht massig und schwer.

Unverzüglich machte sich der Ädil Antonius zusammen mit Trebius Valens auf den Weg zu ihm, weil er die gute Gelegenheit nützen und den Bankier auf die Vorwürfe des Betruges hin ansprechen wollte.

Natürlich wies der Bankier den Vorwurf entrüstet zurück, er hätte das ihm anvertraute Geld selbst einbehalten und

15

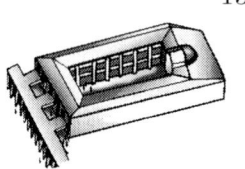

nicht nach Alexandria geschickt: „Ich habe das Geld mit einem meiner kleinen Segler nach Syrakus bringen lassen. Von dort ist es dann vor zwei Wochen mit einem leeren Frachtschiff nach Ägypten abgegangen."

„Gut, so danke ich dir vorerst für die Auskunft, Aratus."

Damit verließ der Ädil mit Valens, der sich recht bald darauf verabschiedete, die Halle. Julia und Marcus folgten dem Onkel auf dem Fuß.

„Glaubst du ihm, Onkel?", fragte Julia.

„Ich weiß nicht so recht", der Onkel fuhr sich über seine Glatze. „Ich muss ausgiebig darüber nachdenken. Die Pleite von Seuthes und Sohn erinnert mich etwas an die große Krise unter Kaiser Tiberius; damals brach erst die Bank von Ollius und Balbus zusammen, daraufhin musste sich der große Färbereikonzern des Malchos in Tyros für bankrott erklären; das wiederum zog die Pleite der römischen Bank von Maximus und Vibo nach sich und so weiter und so weiter ... schließlich gingen Banken in Lugdunum, Karthago, Korinth und Byzantion pleite. Aber den Göttern sei Dank: Die Pleite von Seuthes und Sohn in Alexandria war ein Einzelfall. Aber jetzt gehe ich erst einmal zum Flusshafen am Sarno. Die Fischpreise müssen kontrolliert werden, mir sind da einige Klagen zu Ohren gekommen. Bis bald also."

Schnell entfernte sich der Ädil durch die Menschenmenge des Forums in Richtung der Porta Stabia.

„Sag mal, Marcus", wandte sich Julia an ihren Bruder, „du bist doch so dick befreundet mit Octavius, dem Sohn des Trittolemus, nicht wahr?"

„Ja, warum fragst du?"

„Nun, sein Vater, also der Trittolemus, ist Fuhrunternehmer. Und der Trittolemus arbeitet immer für den Aratus. Vielleicht kann der gute Octavius sich mal umhören, ob da in letzter Zeit schwere Sachen, etwa Kisten oder Amphoren, für den Händler Aratus transportiert wurden und wohin."

„Ah, ich verstehe! Ja, eine gute Idee. Ich kümmere mich sofort darum!"

Marcus war von der Idee begeistert und nahm am gleichen Tag Verbindung mit seinem Freund auf. Die Kinder trafen sich im kleinen Garten ihres Hauses und die beiden fragten Octavius sofort nach den Transporten seines Vaters.

Und tatsächlich erzählte ihnen Octavius, dass er vor gut zwei Wochen dabei war, als Geldkisten des Valens auf ein kleines Schiff des Aratus gebracht wurden.

„Doch in der darauf folgenden Nacht – so habe ich in Erfahrung gebracht – sind mehrere schwere Körbe mit leise klingendem Inhalt – als wenn Münzen geschüttelt werden –

zurück in eines der drei Lagerhäuser des Aratus gebracht worden. Ich habe mir nichts dabei gedacht. Es kommt öfter vor, dass ein Auftraggeber seine Wünsche ändert und die Fracht an einen anderen Bestimmungsort gebracht werden muss. So ist nun mal das Geschäft."

„Hast du in Erfahrung bringen können, in welches Lagerhaus die Kisten gebracht wurden?", fragte Julia eifrig.

„Keine Ahnung", antwortete Octavius und zuckte die Schultern, „es hat mich nicht weiter interessiert. Die Wünsche der Auftragsherren gehen mich nichts an! Und Cornelius, der Arbeiter, der die Fuhre übernommen und mir mal beiläufig davon erzählt hat, ist gerade nach Ostia mit einer Ladung Garum unterwegs. Den können wir also nicht fragen."

„Dann müssen wir also alle drei Lagerhäuser in Augenschein nehmen!", sagte Julia seufzend. „Jede Menge Arbeit."

Als die Dunkelheit anbrach, begaben sich drei kleine Gestalten auf den Weg zur ersten in Frage kommenden Horreum: dem Lagerhaus an der Porta Marina. Aber alles Suchen in dem engen Raum unterhalb der Stadtmauer war zwecklos; hier war kein Geld versteckt. Auch in der nächsten Nacht hatten die drei keinen Erfolg. Das Lager an der Porta Ercolano war völlig leer!

5

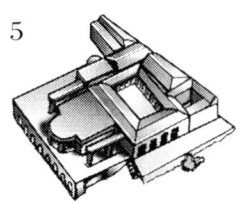

„Oh je, das habe ich befürchtet", sagte Octavius.

„Was meinst du?", erschrocken schaute Marcus zu seinem Freund, der ein bedenkliches Gesicht machte.

„Nun bleibt uns nur noch der Schuppen in der Nähe des Marktplatzes an der Porta di Sano. Und der wird von einem Aufseher mit Hund bewacht. Eigentlich ist es klar!" Octavius schlug sich an die Stirn. „Wenn der Bankier etwas so Wertvolles verstecken will – dann doch nur dort!"

Glücklicherweise war es nicht nötig, auch hier im Schutze der Dunkelheit Nachforschungen anzustellen, denn Cornelius kehrte am selben Nachmittag von der Fahrt nach Ostia zurück.

Auf Befragen hin erklärte er sogar, dass aus dem einen der vier großen und schweren Körbe eine Münze gefallen war. Mittlerweile hatten Julia und Marcus ihrem Onkel Be-

scheid gesagt und der nahm sich auch die Zeit mit Cornelius, dem Fuhrmann, zu sprechen.

„Ja, die Münze war ein Aureus – und als Münzzeichen
hatte sie ein großes L.“

„Oh, das steht für Lugdunum oder für Londinium!“, rief
der Ädil aus. „Gut, gut! Diese Aussagen erwecken wirklich

den Eindruck, als wenn da auf unredliche Weise Wertsachen beiseite geschafft worden seien. Ich werde einige bewaffnete Gerichtsdiener herbeizitieren!"

Kurze Zeit später stand die Gruppe, angeführt vom Ädilen Antonius, vor dem Lagerhaus des Aulus Vettius Aratus und begehrte Einlass. Als auch auf mehrmaliges Klopfen niemand das Tor öffnete, ließ der Ädil die Tür aufbrechen.

„Da, seht nur! Da sind die Körbe."

Cornelius deutete auf vier Körbe, die halb mit Stroh abgedeckt in einer Ecke standen.

„Hier sind Terra sigillata, Keramikwaren, in den Körben", sagte Marcus enttäuscht, „... aber wartet, ich will sie erst einmal ausräumen."

Vorsichtig hob er die roten, glänzend gebrannten Keramikschalen aus einem der geflochtenen Behältnissen. Doch er fand nichts – es war nur Keramik im Korb. Unzufrieden bedeckte Marcus die Waren wieder mit einer Hand voll Stroh und schaute seinen Onkel kopfschüttelnd an. „Ich glaube, hier finden wir auch nichts! Wahrscheinlich sind die Münzen an einem anderen Ort versteckt."

„Hier, ich hab's!", jubelte Julia im selben Moment. „In diesem Korb sind Goldmünzen!"

Tatsächlich! Julia hatte Glück gehabt, denn auch in den anderen zwei Körben fanden sich Münzen.

Trebius Valens begann unverzüglich, das Gefundene in Augenschein zu nehmen, und die Gerichtsdiener zählten das Geld. Der Wert der Gold- und Silbermünzen deckte sich genau mit den Angaben des Valens.

„So, das reicht!", verkündete schließlich der Ädil. „Wir gehen jetzt zu Vettius Aratus!"

Sie mussten die halbe Stadt durchqueren, um zum Haus des Vettius zu gelangen. Es lag im Norden in der Nähe des Wasserverteilers.

„Seid gegrüßt, Aulus Vettius Aratus", eröffnete Ädil Antonius das Gespräch.

„Ave, Ädil. Was führt Euch zu mir?"

Der Aratus schien überrascht zu sein.

„Es geht immer noch um die Anschuldigung des Valens, Ihr hättet sein Geld veruntreut. Nun habe ich nach einigen Hinweisen tatsächlich genau die entsprechende Menge an Münzen in einem Eurer Lagerhäuser, wo sie schlecht versteckt waren, unter Stroh gefunden."

Der Bankier sprang von seiner Liege auf und schrie voller Empörung: „Was für eine Verleumdung! Ihr traut Euch? Ich werde Euch vor dem Rat verklagen! Soll ich etwa persönlich jedes meiner vielen Lagerhäuser kontrollieren? Wie soll ich verhindern, dass irgendein Betrüger Diebesgut im Lagerhaus an der Porta di Sano ablegt? Ich habe den Ver-

walter dort sowieso im Verdacht, krumme Geschäfte zu be-
treiben."

„Ha, das reicht. Ihr seid verhaftet!", und zu den Gerichts-
dienern gewandt sagte der Ädil: „Nehmt ihn mit, den be-
trügerischen Bankier."

Was bewog Ädil Antonius schließlich dazu, den Aulus
Vettius Aratus zu verhaften?

Wäscherei Stephani

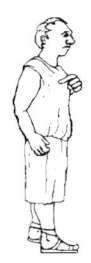

Stephanus,
wusste nichts von Geld

Lucretius,
ein gewalttätiger Kerl

Schmutzige Wäsche

„Ja, ein richtiger Überfall war's", erzählte Marcus
seinem Freund Octavius. „Und nun liegt Julius im
Haus des Chirurgen Septimus. Der hat ihn gestern versorgt,
nachdem ihn der Nachtwächter in der Straße bei der Wäscherei Stephani aufgelesen hat. Es geht ihm schon wieder
ganz gut, aber der Räuber hat ihm sehr viel Geld gestoh-
len."

Marcus hatte Octavius schon seit zwei Wochen nicht mehr
gesehen. Das letzte Mal war es in der Schule des griechischen Lehrers Aegist gewesen. Danach hatte Marcus nur
noch erfahren, dass Octavius' Vater das Schulgeld nicht

4

Wäscherei Stephani

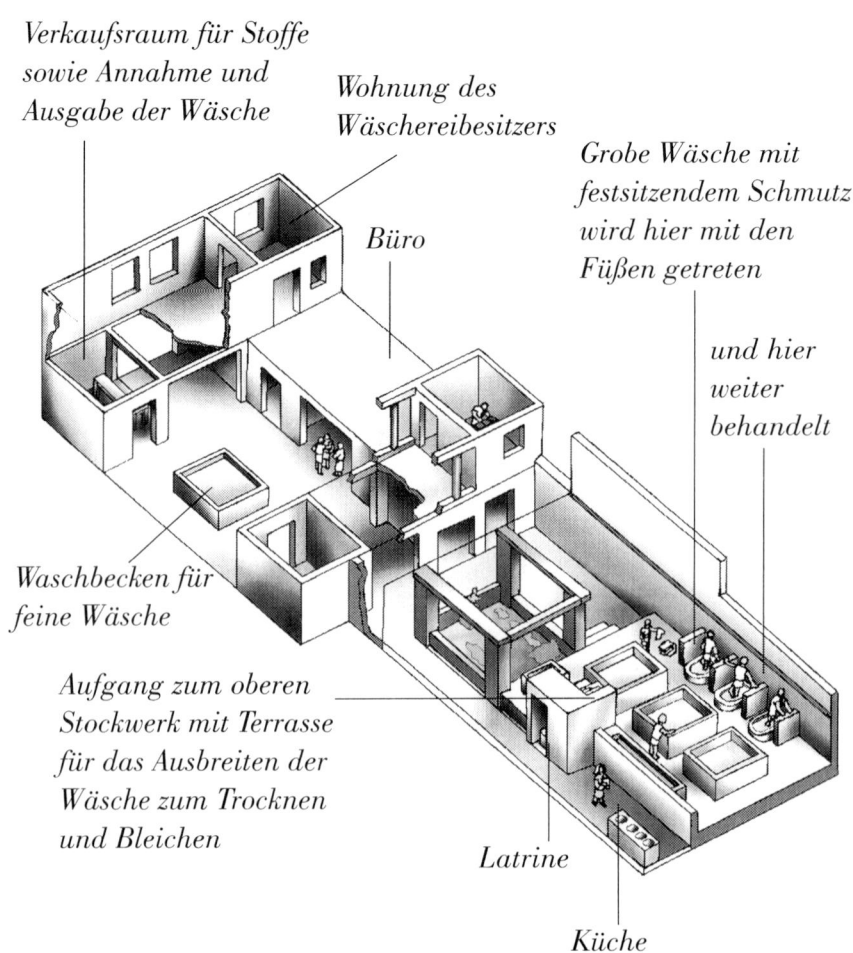

Verkaufsraum für Stoffe
sowie Annahme und
Ausgabe der Wäsche

Wohnung des
Wäschereibesitzers

Büro

Grobe Wäsche mit
festsitzendem Schmutz
wird hier mit den
Füßen getreten

und hier
weiter
behandelt

Waschbecken für
feine Wäsche

Aufgang zum oberen
Stockwerk mit Terrasse
für das Ausbreiten der
Wäsche zum Trocknen
und Bleichen

Latrine

Küche

mehr aufbringen und sein Freund deshalb nicht mehr den Unterricht besuchen könne. In der Schule hatten beide immer nebeneinander auf ihren Holzschemeln gesessen. Mit den Schreibtafeln auf den Knien hatten sie sich gegenseitig aufgezogen, wenn die Buchstaben, die sie in das Wachs der Tafeln ritzten, allzu unbeholfen ausfielen. Um so herzlicher verlief nun ihr erneutes Zusammentreffen und jeder wollte den anderen im Erzählen überbieten.

„Weiß man schon, wer Julius überfallen hat?", fragte Octavius neugierig.

„Nein, mein Onkel ist gerade zum Haus des Jocundus gegangen. Dorthin war auch Julius unterwegs, als man ihm auflauerte. Komm, wir gehen mal schauen."

Marcus stand auf und zog den Freund mit sich. Er wollte es nicht verpassen, wenn der Onkel etwas Wichtiges in Erfahrung brachte.

Am Haus des Jocundus trafen sie dann auch den Ädilen Antonius im Gespräch mit Stephanus, dem Besitzer der Wäscherei, die sich direkt neben dem Haus des Jocundus befand. Sie standen am Eingangstor bei der Stoffpresse.

„So ist es. Es ist genauso, wie Ihr es in Erfahrung gebracht habt! Ich hatte wirklich vor zwei Tagen einen Streit mit Julius. Es ging darum, dass er sich den Vorsitz in der Wäscherzunft ergaunert hat!"

„Das behauptest du", antwortete der Ädil. „Aber einmal etwas anderes: Wusstest du, dass Julius dem Jocundus die Sesterzen für das Landgut an der Straße nach Herculanum bringen wollte?"

„Für den Bauernhof, den er vom Jocundus vor drei Wochen gekauft hat? Nein, keine Ahnung! Davon wusste ich bis jetzt nichts. Und wie sollte ich auch davon wissen – von dem Geld, meine ich! Als er dem Lucretius davon erzählte, da war ich schließlich in der Wäscherei hinten bei den Becken. Ich habe ihn überhaupt nicht gesehen an dem Nachmittag, weil ich die ganze Zeit bei den Becken war, um die Urin-Lieferung umzufüllen. Wir brauchten neuen Urin aus den öffentlichen Latrinen bei den Bädern, um die Stoffe aus der Weberei des Verecundus zu walken. Der Weber Verecundus lässt seine Stoffe nämlich immer bei uns walken, um sie schön geschmeidig zu bekommen. Ihr müsst wissen: Nur wir hier benützen anschließend an die Behandlung mit dem Urin noch feine Walkerde von der griechischen Insel Kimolos ..."

„Schon gut, schon gut", unterbrach der Ädil den Redefluss des Stephanus. „Nun, ich wollte sowieso mit Lucretius sprechen."

Er verabschiedete sich von Stephanus und ging durch das Tor in die Wäscherei, gefolgt von Marcus und Octavius.

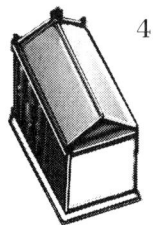
4

„Onkel, dürfen wir dich begleiten?"

„Ach, ihr zwei! Ja, ja, kommt ruhig mit. He, Lucretius! Ich muss dich etwas fragen."

Lucretius, der als Verwalter im Büro der Wäscherei arbeitete, erbleichte, als er den Ädilen erkannte. Eilfertig kam er angerannt: „Ihr wünscht?"

„Wie du vielleicht schon gehört hast, wurde gestern Nacht hier bei euch in der Straße der Julius überfallen und ausgeraubt. Sag einmal, wo warst du eigentlich am gestrigen Tag bei Einbruch der Dunkelheit?"

„Ich, äh, nun hier im Büro und dann in meiner Wohnung hier über uns. Meine Frau kann das bestätigen. Warum fragt Ihr?"

„Nun, du hast hohe Spielschulden gemacht in der Schenke des Traventinus; soviel wurde mir schon zugetragen. Und außerdem warst du als Einziger informiert, dass Julius dem Jocundus das Geld bringen wollte. Ich denke, wir sprechen nochmals miteinander."

Der Ädil wandte sich um: „So, jetzt kommt – Marcus, Octavius. Wir gehen alle zum Süßbäcker Eurysaces. Ich spendiere euch einige knusprige Waffeln – oder vielleicht möchtet ihr ein kleines Rosinenbrot aus Gries? Er ist dafür überall bekannt."

Im Bäckerladen erzählte der Onkel noch, dass der beraubte Julius eine hohe Belohnung für den versprochen habe, der mithelfe, das Geld wieder zu beschaffen.

„Was meinst du, wer es war, Onkel?", fragte Marcus und biss ins Gebäck.

„Nun, ich denke, der Lucretius könnte es gewesen sein. Zu der Tatsache, dass er als Einziger von der Geldübergabe wusste, kommt noch eines hinzu: Er ist ein recht gewalttätiger Kerl! Zusammen mit Stephanus, dem Besitzer der Wäscherei, war er an den Krawallen beteiligt, die vor drei Jahren auf Weisung Roms zur Schließung der Arena geführt

2

76

haben. Bei den Schlägereien mit Leuten aus Noceria anlässlich der Spiele in unserer Stadt gab es viele Verletzte. Nur weil die Gattin des Kaisers, Poppäa, die ja aus Pompeji stammt, ein gutes Wort für uns eingelegt hatte, wurde die Arena vorzeitig wieder freigegeben.“

Nach einigem Bedenken meldete sich da Octavius zu Wort; er wies dem Ädilen nach, wer der wahre Täter sein müsse – und er behielt Recht.

Bei der Untersuchung der Wohnung des Verdächtigen wurde das Geld gefunden. So erhielt Octavius die ausgesetzte Belohnung.

„Mein Vater will von dem Geld den Lehrer bezahlen“, sagte Octavius zu Marcus.

„Prima, da hast du gut aufgepasst – na, und nun musst du auch wieder gut aufpassen: im Unterricht.“

Wer war der Täter
und wie hat er sich verraten?

Obelisk

Wer findet den Obelisken?

„So? Der Goldschatz ist also im hohlen Unterbau des Obelisken versteckt? Und nun frage ich dich, Sepolcri, wo ist der Obelisk?" Der Ädil war vor Zorn schon puterrot im Gesicht. Er wandte sich zu Julia und Marcus um. „Es wird mir immer ein Rätsel bleiben, wieso unsere lieben römischen Mitbürger so verrückt sind nach diesen Obelisken. Hier im Hafen werden jedes Jahr mehr von diesen Dingern importiert."

Nach kurzer Pause fuhr er im Verhör des Sepolcri fort: „Du hältst mich wohl für dumm, was? Mir wurde Nachricht gegeben, dass du den Kaufmann Euyonimus in Syrien überfallen und ausgeraubt hast. Und um die Goldmünzen hierher zu bekommen, hast du sie in einem Obelisken verstaut! Also, wo hast du diese ägyptische Steinnadel versteckt?"

Weißt du, wo der Schatz versteckt ist?

Kannst du dem Ädilen helfen?
Auf den vorhergehenden Seiten findest du kleine Abbildungen von Bauwerken aus Pompeji. Suche im Stadtplan das entsprechende Gebäude und nimm den durch die Zahl festgelegten Buchstaben aus seinem Namen. Zusammengesetzt ergeben diese Buchstaben die Bezeichnung des Aufenthaltsortes des Obelisken.

AUFLÖSUNGEN

Er wusste, dass auf der Rückseite der Gebäude-front, also auf der Baustelle, alles unter Wasser stand, obwohl man das als Außenstehender von der Vorderseite aus gar nicht sehen konnte.

Der Hinweis auf den Wasserdieb ist der Fußab-druck im Matsch: Dem rechten Fuß fehlen zwei Zehen. Es ist also der Abdruck von Obelius, den dieser hier hinterlassen hat, als er unrechtmäßig Wasser aus der Leitung nahm.

Es war Marius, dem offensichtlich bekannt war, wann die Tropfen ins Wasser kamen. Und seine Angabe, genau zu jenem Zeitpunkt, also als der Eselskarren umfiel, in der Taverne des Agathias „Zur Vollen Amphore" gewesen zu sein, kann nicht stimmen! Die Taverne war ja ausnahms-weise noch geschlossen. Marius wollte seine

Wette gewinnen, indem er den aussichtsreichsten Konkurrenten des Joghurtus ausschaltete.

Marcus hatte die leeren Gläschen im Laden des
Cornelius Rufus gesehen und Caecilius sagte
selbst, Cornelius Rufus habe ihn über diese
Fläschchen aufgeklärt: dass sie nämlich nur für
Asafötida verwendet werden. Cornelius Rufus
muss also gewusst haben, dass er in diesen Behältnissen den billigen Ersatzstoff kaufte.

Der Täter war Menandros. Die anderen Verdächtigten wussten alle, dass unter der Maske nicht
Eratus, sondern sein Kollege Predicius steckte.
Sie hätten also hier gar keinen Grund für einen
Anschlag gehabt.

Der Aratus verriet sich durch die Bemerkung:
„...., dass irgendein Betrüger Diebesgut im Lagerhaus an der Porta di Sano ablegt." Er war sehr
wohl informiert, dass und wo die Münzen versteckt waren. Der Ädil hatte ja nicht erwähnt, in
welchem der vielen Lagerhäuser des Händlers
sie etwas gefunden hatten.

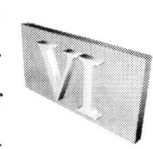

 Stephanus war der Räuber. Er hat sich mit der Äußerung verraten, er wäre angeblich hinten in der Wäscherei gewesen, als Julius dem Lucretius davon erzählte, dass er Jocundus das Geld bringen wolle. Wie sollte Stephanus das denn wissen, wenn er in Wahrheit nicht vorne gelauscht hatte?

 Der Schatz ist an der Porta di Capua versteckt.

Namen & Begriffe

Ädil   Mitglied der Stadtverwaltung, zuständig für die Lebensmittelversorgung und betraut mit polizeilichen Aufgaben. Er kümmert sich um die Straßen sowie die Bäder der Stadt. Auch die öffentlichen Spiele in der Arena fallen in seinen Aufgabenbereich. Die alte Schreibweise ist „Aedil“, da die lateinische Sprache ein „Ä“ nicht kennt!

Amphitheater Ein großer Rundbau, in dem Spiele stattfinden: zum Beispiel Raubtierhatzen oder Gladiatorenkämpfe.

Amphore   Bezeichnung aus dem Griechischen für große Tongefäße mit zwei Henkeln. In Pompeji häufig als Spitzamphore für Vorräte benutzt.

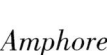

Amphore

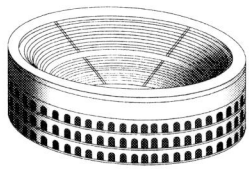

Amphitheater

Aquädukt	oft über brückenartige Konstruktionen geführte römische Wasserleitung
Augusta Treverorum	heutige Stadt Trier
Basilika	Gerichtsgebäude und Börse
Caldarium	Warmraum in der Therme
Domus	großes herrschaftliches Haus
Etrusker	Ein Volk, das sich etwa 1000 bis 800 Jahre v. Chr. in Mittelitalien mit dem Zentrum in Etrurien bildet. Die Etrusker beherrschen lange Zeit den Mittelmeerraum, bis sie ihre Macht im 3. Jahrhundert v. Chr. an das Römische Reich abgeben müssen.
Forum	Großer Platz als Mittelpunkt des wirtschaftlichen, sozialen und religiösen Lebens; hier befinden sich die öffentlichen Gebäude: Tempel, Markthalle, Rathaus usw.
Fullonica	Wäscherei
Gallien	heutiges Frankreich
Garum	Würzsoße aus stark gesalzenem, abgestandenem Fisch
Gladiator	Kämpfer, der sich zum fragwürdigen Vergnügen der Zuschauer mit anderen Gladiatoren schlägt; allerdings nicht freiwillig, weil die

Jupiter

meisten Gladiatoren Sklaven oder Gefangene aus den Kriegen Roms sind.

Herculanum	Nachbarort von Pompeji
Horreum	Vorratsgebäude zur Aufbewahrung von Lebensmitteln, Lagerhaus
Jupiter	Der höchste Gott der Römer war ursprünglich ein Wettergott, deshalb sind Blitz und Donner seine Zeichen. Jupiter ist der Schutzgott der Stadt Rom.
Laufkran	Gerätschaft zum Heben schwerer Lasten; in einem großen Laufrad bewegt sich ein Mann und wickelt dadurch auf einem Rundholz ein Seil auf oder ab.
Londinium	London
Lugdunum	Lyon, Stadt im Süden Galliens (Frankreich)
Misenum	Großer Hafen des römischen Militärs an der Nordseite des Golfes von Neapel. Die Flotte Roms besteht im Wesentlichen aus zwei großen Verbänden: der eine ist im Stützpunkt Ravenna an der Ostseite der italienischen Halbinsel angesiedelt, der andere Verband hier im Westen in Misenum. Häufiger Schiffstyp ist die Trireme, ein schweres Boot mit mehreren Ruderbänken.

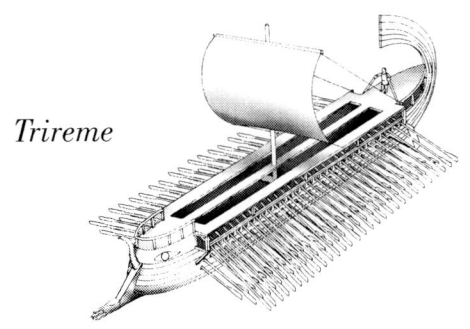

Trireme

Nero	Im Jahre 60 n. Chr. ist Kaiser Nero im 6. Jahr seiner Amtszeit. Er beginnt, wunderlich zu werden, und entzieht sich immer mehr dem Rat seines alten Lehrers Seneca, der auch Minister in seiner Regierung ist. Seine Absonderlichkeiten werden sich im Lauf der kommenden Jahre immer weiter steigern. Er wird Menschen umbringen lassen, von denen er sich bedroht fühlt – auch enge Familienangehörige. Er veranlasst die ersten Christenverfolgungen und als Rom brennt, steht er auf dem Balkon seines Palastes und singt selbst gedichtete Lieder. Die Terrorherrschaft wird bald so blutig sein, dass ihn Aufstände zum Selbstmord zwingen werden.
Ostia	Hafenstadt von Rom; hier legen die regelmäßig verkehrenden Transportschiffe aus Ägypten an. Sie bringen Getreidelieferungen für die hungrige Hauptstadt.
Rezitation	Vortrag, hier gleichbedeutend mit Sprechtheater. In diesen Jahren, in denen Kaiser Nero regiert, beginnt aber der sprachliche Vortrag in Form von Komödie und Tragödie zurückzutreten. Häufiger aufgeführt werden

Triumphbogen

	Musik- und Tanzveranstaltungen und Pantomime.
Sesterze	Römische Münze; zur Zeit genügen in Pompeji zwei Sesterzen am Tag zur Deckung der einfachsten Lebensbedürfnisse.
Terra sigillata	hochwertige Keramik (Töpfe, Krüge usw.) aus Mittelitalien
Therme	Öffentliches Bad; hier kann man ein heißes Bad nehmen, sich mit Freunden treffen, Sport treiben oder sich massieren lassen.
Trireme	Schiffsart der Kriegsmarine; dabei sitzen drei Ruderer in einer Reihe übereinander. Bei diesem Bootstyp ist der Mast vor dem Gefecht abnehmbar.
Triumphbogen	Großes Tor an Straßen oder Kreuzungen mit Reliefdarstellungen und Schmuckelementen; häufig errichtet als Zeichen des Sieges, des Triumphes, eines Kaisers über seine Gegner.
Zenturio	Hauptmann der römischen Legion; Befehlshaber über eine Zenturie, das sind ca. 80 Soldaten
Zisterne	Sammelbecken für Trinkwasser

Zenturio

Der Autor:

Germund Mielke wurde 1953 in Helmstedt geboren. Er
studierte in Hannover Design und Freie Kunst.

Seit 1980 lebt er in Braunschweig. Neben seiner Tätigkeit in der Kinder- und Erwachsenenbildung arbeitet er als
Illustrator. Seit Anfang der achtziger Jahre hat er diverse
Ausstellungen mit Zeichnungen und Radierungen im In-
und Ausland gehabt.

Der Vater zweier Kinder möchte hier die Historie einmal
anders vermitteln; kniffelige Krimistorys verbunden mit aus-
sagekräftigen Illustrationen führen ins römische Pompeji.